Dr. med. Martin Winkler

Die neue F.-X.-Mayr-Kur

Schlank, gesund & schön durch Darmreinigung

in Zusammenarbeit mit Martin Duschek

Liebe Leserin, lieber Leser,

Gesundheit, natürliche Schönheit, Vitalität und eine gute Figur – wer wünschte sich das nicht? Der österreichische Arzt Dr. F. X. Mayr erkannte, daß der Schlüssel zu Gesundheit und Wohlbefinden in einer gesunden, leistungsfähigen Verdauung liegt. Er entwickelte ein ganzheitliches Ernährungskonzept, das den Darm von Grund auf regeneriert und uns den Weg zu einer natürlichen und bewußten Lebensweise zeigt. Die bekannte Milch-Semmel-Diät wurde inzwischen auf der Basis neuester schulmedizinischer Erkenntnisse erweitert und durch sanfte Naturheilweisen ergänzt. Unsere »neue F.-X.-Mayr-Kur«, neu im Sinne von zeitgemäß erneuert, beinhaltet zudem eine komplette milde Aufbau-Diät mit schmackhaften Rezepten für die Zeit nach der Kur.

Was Sie erwartet

Lernen Sie die ganzheitlichen Prinzipien der Mayr-Medizin kennen. Denn zur Kur gehört nicht nur Fasten, sondern ein ausführliches Programm zur inneren Säuberung, Entgiftung und Heilung Ihres Körpers. Durch die Kur zu Hause begleitet Sie Ihr persönlicher Kurfahrplan mit Anleitungen zur täglichen Ernährung, Entschlackung und Tips zum Wohlfühlen. Ein großer Rezeptteil bietet Ihnen ab der dritten Kurwoche Ideen für milde, vollwertige Gerichte zum Nachkochen. So lernen Sie ganz nebenbei die Regeln der gesunden Küche kennen. Denn wir möchten, daß Sie auch nach der Kur gesund leben und zu dauerhafter Vitalität und Lebensfreude finden!

Ihr Dr. Martin Winkler

Inhalt

Gesundheit beginnt im Darm

Der Darm ist die Wiege unseres Wohlbefindens. Denn Gesundheit, Schönheit und Vitalität hängen ganz eng mit der Verdauung zusammen. Unser Darm ist ein faszinierendes Organ mit unglaublich vielfältigen Aufgaben. Aus dem Darm holt der Körper die Kraft für Leben, Wachstum und Bewegung. Er versorgt uns mit lebenswichtigen Nährstoffen und leitet schädliche Schlacken aus dem Körper aus. Ist er gesund, so erfreuen wir uns an schöner Haut,

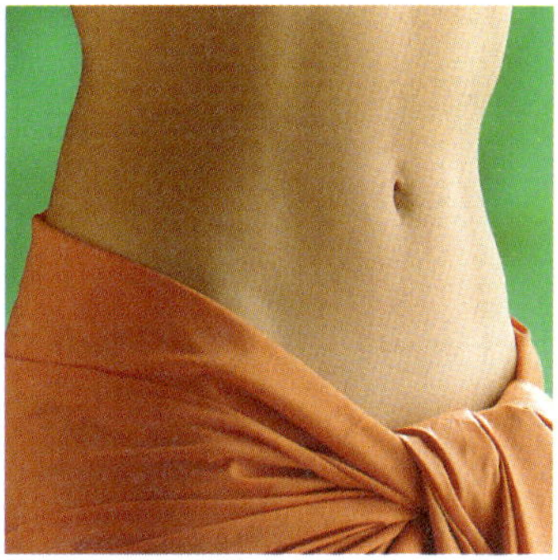

einer guten Figur und einem positiven Lebensgefühl. Dies erkannte und beschrieb der österreichische Arzt und Forscher Dr. Franz Xaver Mayr. In jahrzehntelangem Schaffen entwickelte er ein ganzheitliches Ernährungskonzept, das den Darm von Grund auf saniert: die F.-X.-Mayr-Kur.

Du bist, was du ißt

Leben ist Stoffwechsel

Alle Vorgänge im Körper werden durch Nährstoffe erst möglich

Wachstum, Bewegung, Körperwärme, Fortpflanzung – alle Prozesse des Lebens bauen auf Stoffwechselvorgängen auf. Jede Körperzelle, die sich neu bildet – und das sind Hunderte in jeder Sekunde – besteht aus den Bausteinen, die wir mit der Nahrung aufnehmen. Auch Bewußtsein und Denkvorgänge, denen die Leistung von Nervenzellen im Gehirn zugrunde liegen, werden durch Nährstoffe und ihre Umsetzung in Energie erst möglich.

Jede Zelle braucht Nahrung

Jede einzelne Zelle muß ernährt werden, damit sie ihre Funktion im Körper erfüllen kann. Dazu muß die Nahrung zerkleinert, in kleinste Bestandteile zerlegt und biochemisch so aufgespalten werden, daß die Nährstoffe ins Blut aufgenommen werden können. Von dort werden sie an die Körperzellen weitergeleitet, die sie für ihre Aufgaben verwerten.
Diese Vorgänge auf kleinster Ebene nennt man Stoffwechsel: die Aufnahme und Verwertung von Nährstoffen, alle Auf- und Umbauvorgänge im Körper und die Ausscheidung der nicht verwertbaren Stoffwechselendprodukte (»Schlackenstoffe«).

Vom Darm hängt alles ab

Viele Beschwerden haben ihre Ursache in einem überlasteten Darm

Alle Stoffwechselvorgänge sind abhängig davon, daß wir unserem Körper regelmäßig Nahrung zuführen, und zwar die richtige Nahrung, die optimal verwertet werden kann und den ganzen Organismus funktionsfähig erhält.

Gesunder Darm – gesunder Mensch

Nur ein gesunder Darm kann die wichtige Aufgabe wahrnehmen, die ihm dabei zufällt. Auf der Gesundheit unseres Darms baut somit die Gesundheit des gesamten Organismus auf. Ist er in seiner Funktion geschwächt, stellen sich nicht nur Beschwerden ein, die direkt mit ihm in Zusammenhang stehen, wie Blähungen, Verstopfung oder Durchfall. Viele chronische Beschwerden und Erkrankungen haben häufig ihre Ursache in einem überlasteten Darm, der seinen Aufgaben nicht mehr gewachsen ist. Dazu gehören etwa Kopfschmerzen, Migräne, Hautprobleme, Stoffwechselstörungen, Gelenkserkrankungen und rheumatische Beschwerden.

Wer den ganzen Tag fit sein will, muß seinen Darm pflegen

Wenn Sie sich also fit fühlen wollen, und das den ganzen Tag über, wenn Sie Ihre häufigen Erkältungen loswerden und wieder eine glatte Haut haben wollen, dann befassen Sie sich mit Ihrem Darm und unterstützen Sie ihn bei seiner Tätigkeit.

Bewußt essen

In unserer industrialisierten Welt ging die eigentliche Bedeutung des Essens verloren. Wer genießt heute noch jeden Bissen einer Speise in dem Bewußtsein, daß er lebt, weil er ißt?
Das Fast-Food-Denken reduziert die Nahrungsaufnahme auf ein paar Minuten, möglichst schnell oder nebenbei. Die eingesparte Zeit bleibt scheinbar wichtigeren Dingen vorbehalten, wie Arbeiten und Vergnügungen.

Eine natürliche und bewußte Ernährung ist der Schlüssel zu Gesundheit, Schönheit und Wohlbefinden

Die richtige Einstellung finden

Heute ist längst vergessen, daß Arbeit noch bis vor wenigen Jahrhunderten ausschließlich der Nahrungsbeschaffung diente. Natürlich verdanken wir dem Fortschritt auf allen Gebieten, daß wir nicht mehr unsere ganze Arbeitskraft in den Dienst der Nahrungsbeschaffung stecken müssen.
Dennoch möchte ich hier einen Gedanken von Dr. F. X. Mayr an den Anfang stellen. Er war der Meinung, daß die Geringschätzung und die Mißachtung natürlicher und bewußter Ernährungsweisen die wahre Ursache für viele Leiden und Krankheiten ist. Er sah den Schlüssel für eine starke, stabile Gesundheit und mit ihr für eine vitale und schöne Ausstrahlung in einer guten Ernährung und in der richtigen Funktion der Verdauungsorgane.

Der Darm – Quelle der Gesundheit

Unser Organismus ist ein in sich geschlossenes, komplexes System. Durch mehrere Organe steht er jedoch in Verbindung mit der Außenwelt, um lebensnotwendige Stoffe auszutauschen.

Ein Größenvergleich

Entgiftung geschieht über die Haut, die Lunge, die Nieren und den Darm

Über die Haut erfolgt beispielsweise die Abgabe von Schweiß zur Kühlung und zur Entgiftung des Körpers. Auch ein geringer Teil der Atmung erfolgt über die Hautoberfläche. Diese Verbindungsstelle des Körpers mit der Außenwelt hat eine Größe von etwa zwei Quadratmetern.
Andere Stoffwechselvorgänge spielen sich in der Lunge ab. Zählt man die Oberfläche der Millionen kleiner Lungenbläschen zusammen, verfügt sie über mehr als 80 Quadratmeter Gesamtoberfläche. Hier wird Sauerstoff aufgenommen und Kohlendioxyd ausgeatmet. Über die Lunge erfolgt ebenfalls die Abgabe von schädlichen Substanzen.

Wie die Wurzeln einen Baum mit allen Nährstoffen versorgen, so versorgt der Darm den Menschen mit allem, was er braucht

Der Darm ist der Größte

Im Größenvergleich schlägt die Oberfläche des Verdauungssystems jedoch alle Rekorde. Der Dünndarm trägt dazu den Hauptteil bei. Auf einer Länge von rund fünf Metern ragen unzählige Zotten, winzige fingerartige Ausstülpungen, in den Darm hinein. Diese nehmen die Nährstoffe aus dem Darminneren auf und übergeben sie an die Blutgefäße. Aus der Summe dieser Zotten ergibt sich die unglaubliche Fläche von 400 Quadratmetern. Das entspricht beinahe einem Fußballfeld.

Die Wurzeln der »Pflanze Mensch«

Dr. F. X. Mayr verglich den Verdauungsapparat mit einem Wurzelsystem. Der Baum steht bei ihm stellvertretend für den Menschen. Seine weitverzweigten Wurzeln dringen bis tief in den Boden, um Wasser und Nährstoffe aufzunehmen. Den Wurzeln entsprechen der Darm und seine vielen Zotten, die für den Menschen die gleiche Aufgabe erfüllen.

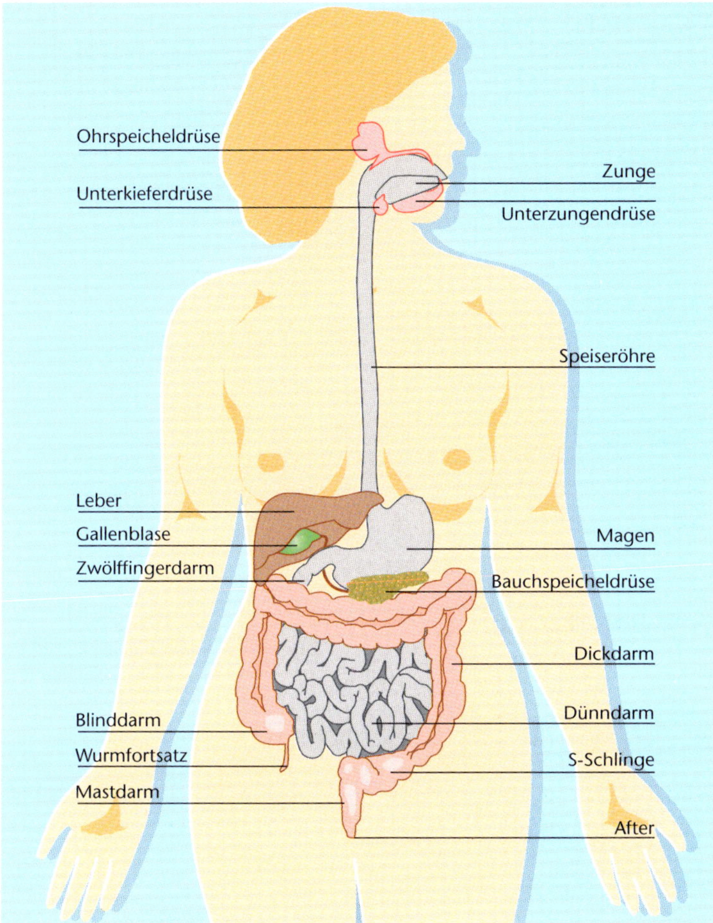

Rund 10 Meter in 18 Stunden: Das ist der Weg, den unsere Nahrung vom Mund über Magen und Darm bis zur Ausscheidung zurücklegt

Unser Verdauungssystem

Zum Verdauungsapparat zählt von den Lippen bis zum After eine lange Kette von Organen. In jedem Abschnitt der »kleinen Fabrik« werden bestimmte Aufgaben ausgeführt.

Gut gekaut ist halb verdaut

Gut kauen und einspeicheln ist der erste Grundsatz der Mayr-Kur

In der Mundhöhle zerkleinern und zermahlen wir die Nahrung mit den Zähnen. Wer gut kaut, speichelt die Nahrung gleichzeitig ein, so daß erste Verdauungsenzyme schon mit dem Zerlegungsprozeß beginnen können. Diesem ersten Schritt kommt in der neuen F.-X.-Mayr-Kur besondere Bedeutung zu. Denn gut gekaute und eingespeichelte Nahrung belastet den Magen nicht. Außerdem bleibt so die Zeit, das Sättigungssignal des Magens wahrzunehmen.

Alles wird gut durchgeknetet

Die Nahrung wird in ihre kleinsten Bestandteile aufgespalten

Durch die Speiseröhre gelangt die zerkleinerte Nahrung in den Magen. Nun wird sie in rhythmischen Bewegungen mit den Magensäften gut vermischt. Hauptbestandteile dieser sauren Säfte sind Salzsäure, Verdauungsenzyme und Schleim. Enzyme zerlegen hier die großen Eiweißmoleküle. Das saure Milieu tötet außerdem Krankheitserreger ab, die mit der Nahrung in den Körper gelangt sind. In kleinen Portionen wird dann der Speisebrei an den Darm abgegeben.

Die Hauptarbeit beginnt

Zunächst wandert der Speisebrei in den 30 bis 40 Zentimeter langen Zwölffingerdarm, wo ihn der basische Gallensaft und Enzyme der Bauchspeicheldrüse neutralisieren. Nun beginnt die Hauptarbeit des Darms: die gründliche Durchmischung des Speisebreis mit Verdauungssäften, die alle Nahrungsbestandteile in ihre Bausteine zerlegen. Die Muskelschichten des Darms ziehen sich zusammen und entspannen sich wieder. Damit kneten sie den Brei gut durch und schieben ihn weiter.

Die Darmzotten geben die Nährstoffe an das Blut weiter

Die Nährstoffe gehen vom Dünndarm aus in den Organismus über. Diese kleinsten Bausteine gelangen durch die feine Schleimhaut der Darmzotten in den Blut- und Lymphkreislauf. Von hier werden sie weiter bis zu den Körperzellen transportiert. Die Darmschleimhaut ist zugleich auch die wichtigste Abwehrbarriere gegen Krankheitserreger und Schadstoffe.

Überflüssiges wird ausgeschieden

Der Darminhalt ist bei seinem Eintritt in den Dickdarm noch sehr flüssig. Die anschließenden drei Dickdarmabschnitte entziehen dem Gemisch aus unverdaulichen Ballaststoffen und ausgeschiedenen Schlacken das Wasser. Durch diese Eindikkung wird der Stuhl geformt, der schließlich über Mastdarm und Schließmuskel unseren Körper verläßt.

Ein Organ mit vielfältigen Aufgaben

Der Verdauungsapparat und insbesondere der Darm erfüllen noch eine Vielzahl anderer wichtiger Funktionen für den Gesamtorganismus. Im Dünndarm findet sich zum Beispiel eine sehr große Anzahl von Abwehrzellen des Immunsystems. Das heißt, die Abwehr von schädlichen Substanzen und Krankheitserregern findet unmittelbar im Darm statt. In einem gesunden Darm werden Viren und Bakterien bekämpft, und eine gesunde Darmschleimhaut hält sie zurück, so daß sie nicht in den übrigen Körper gelangen können.

Eine wichtige Barriere gegen Krankheitserreger und Schadstoffe

Die Darmflora

Im Darm lebt ein Milliardenheer symbiotischer Bakterien. Das sind Mikroorganismen, die mit uns zum beiderseitigen Vorteil zusammenleben. Sie ernähren sich von Nahrungsbestandteilen, die für den Menschen unbrauchbar sind. Daraus erzeugen sie für uns nützliche Stoffe, zum Beispiel verschiedene Vitamine und Spurenelemente. Außerdem übernehmen diese Bakterien verschiedenste biochemische Aufgaben, beispielsweise den Abbau von Gallensäften.

Tip

Ein Test: Wie fit ist Ihr Darm?

Bei einem gesunden Menschen dauert eine komplette Darmpassage von der Nahrungsaufnahme bis zur Ausscheidung rund 18 Stunden. Dieser Zeitwert ist ein wichtiger Anhaltspunkt für die Gesundheit Ihres Verdauungsapparates. So können Sie die Funktionstüchtigkeit Ihres Darms selbst überprüfen:

- *Essen Sie an einem Tag morgens und abends Weißbrot mit Butter, Quark und Honig. Mittags steht eine große Portion gekochter Spinat auf dem Speiseplan, dazu nach Geschmack grüner Salat. Vermeiden Sie Zwischenmahlzeiten.*
- *Sie werden daraufhin deutlich abgesetzt einmal hellen, dann grüngefärbten und wiederum hellen Stuhl haben. Prüfen Sie die Zeit: Es sollten nicht mehr als 18 Stunden nach den entsprechenden Mahlzeiten vergangen sein. Andernfalls liegt eine Verdauungsstörung vor!*

Darmpassage nennt man die Zeit, die die Nahrung durch den Körper braucht

Schönheit kommt von innen

Gesundheit strahlt von innen nach außen

Gesundheit und Schönheit sind eng miteinander verbunden. Gesund zu sein, ist die Voraussetzung für ein schönes und strahlendes Wesen. Das gilt für Mann und Frau gleichermaßen. Gesunde Haut ist straff, gut durchblutet und schimmert rosig. Auch im höheren Alter kann Ihre Haut noch glatt und gepflegt aussehen. Wenn Sie dafür sorgen, daß Ihr Darm gesund und fit ist, dann werden Sie bald feststellen, daß Ihre Haut rein und Ihr Haar geschmeidig wird, Ihre Muskeln sich kräftigen und Ihr Wohlbefinden zunimmt.

Der Darm entgiftet

Schöne Haut und geschmeidiges Haar sind das Ergebnis eines vitalen und gesunden Darms

Schadstoffe wirken sich im Körper überall dort aus, wo sie mit dem Blut- und Lymphstrom hinbefördert werden: in der Haut, im Unterhautgewebe, an Muskel- und Nervenzellen, an Sinnesorganen und in den gesamten Körperorganen.
Am besten können Sie die Wirkung der Schadstoffe am Zustand Ihrer Haut beobachten. Wenn der Darminhalt nicht baldmöglichst weitertransportiert wird, dann stauen sich Schlacken in seinem Inneren, die eigentlich schnell nach außen transportiert werden sollten. Sie werden wieder ins Blut aufgenommen, weil sie zu lange mit der Darmschleimhaut Kontakt haben. Der Schlackenspiegel steigt an, und die Haut reagiert mit Unreinheiten. Sie verliert ihre gesunde Farbe, quillt auf, wird fettig glänzend oder trocken und matt.
Dr. F. X. Mayr schrieb dazu: »Wir haben im Gesicht einen Spiegel, der die Reinheit des Blutes und die Güte der Funktion des Verdauungsapparates wiedergibt.«

Tip

Trinken fördert die Schönheit

Die oberste Regel für jedes Model heißt: Viel trinken! Durch viel Flüssigkeit wird der Körper von innen gereinigt, und überflüssige Bestandteile der Nahrung, Gift und Schlackenstoffe werden ausgeschwemmt. Denken Sie daran: Ein Erwachsener sollte täglich mindestens zwei Liter Flüssigkeit trinken!

Ein vitaler Darm wirkt sich nicht nur auf Schönheit und körperliche Gesundheit aus. Sie werden mit Wohlbefinden und strahlender Laune belohnt

Zeichen der Schönheit

Mit keinen Kosmetika der Welt können Sie mehr zu Ihrer Schönheit beitragen als durch vollwertige und ausgewogene Ernährung. Natürliche Schönheit kommt von innen. Die ganze Lebenskraft strahlt nach außen und zieht so andere in ihren Bann. Dazu gehören vor allem:

- glatte, straffe, elastische, rosa schimmernde Haut
- straffes Gewebe und straffe Muskeln
- geschmeidiges, kräftiges Haar
- aufrechte, gerade Haltung
- fröhliche, gute Laune.

Alle diese Punkte setzen eine gesunde Ernährung und einen vollkommen funktionstüchtigen Verdauungsapparat voraus.

Wenn der Darm wieder gesund ist, kommen auch die Zeichen äußerer Schönheit zurück

Darm und Gewicht

Natürlich hängt auch die ewige Frage des Gewichtes und der guten Figur unmittelbar mit dem Darm zusammen. Funktioniert die gesamte Verdauung reibungslos, werden einzelne »Sünden« schnell und ohne Gewichtszunahme wieder vergeben. Ein Leben nach den Ernährungsprinzipien von Dr. F. X. Mayr sorgt für ständigen und dauerhaften Ausgleich.

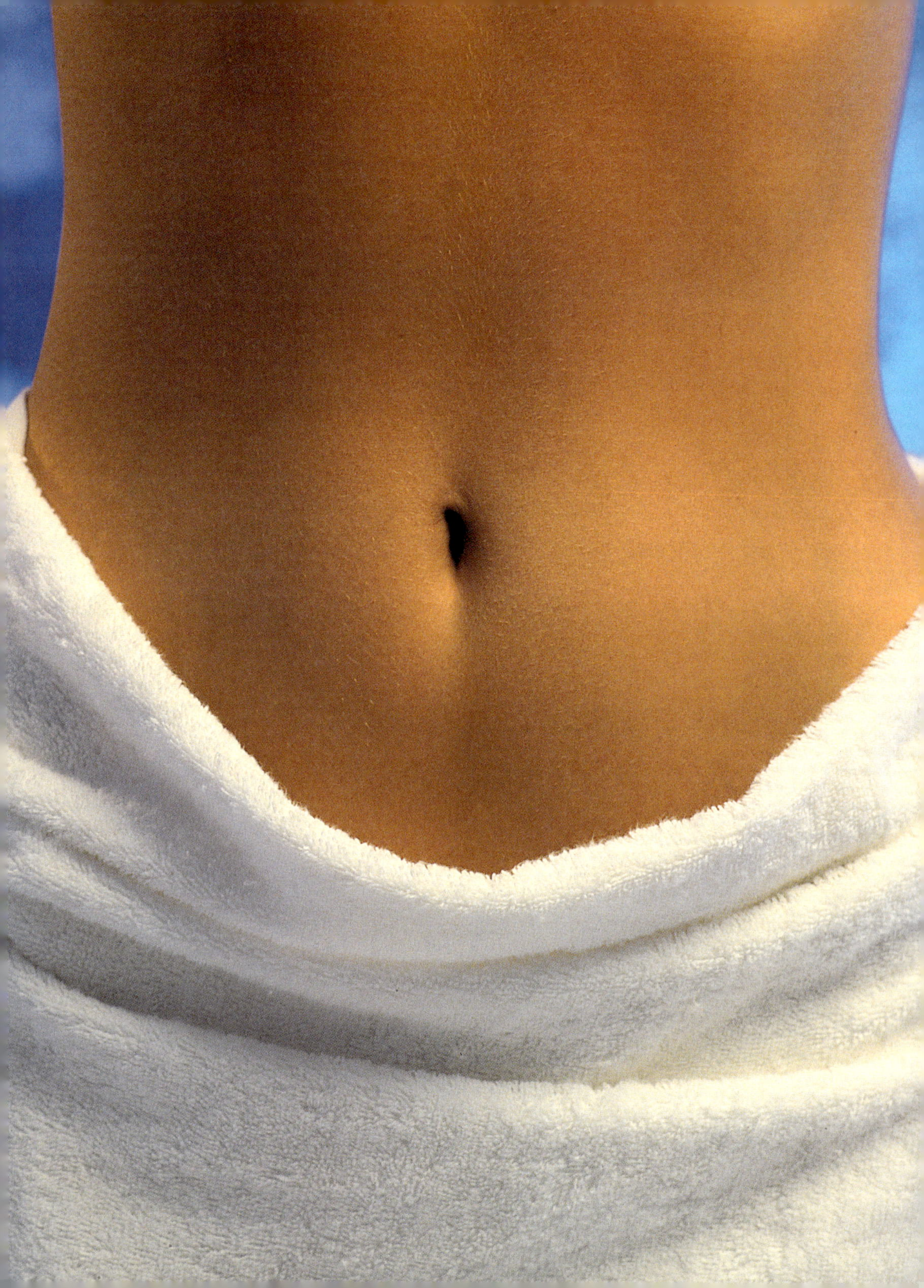

Grundlagen der Mayr-Kur

Gesunder Darm – gesunder Mensch, das ist eine alte Erkenntnis. Wenn unser Verdauungssystem problemlos arbeitet, haben wir unsere Kraft und Lebensenergie in vollem Umfang zur Verfügung. Andererseits werden alle Vorgänge im Körper negativ beeinflußt, wenn unser Stoffwechsel nicht optimal funktioniert. Ist der Darm krank, geht es also dem gesamten Organismus schlecht.

Die neue F.-X.-Mayr-Kur zeigt Ihnen einen Weg, wie Sie Ihren Darm unterstützen und auf Dauer zu neuer Lebensenergie finden können. In diesem Kapitel erfahren Sie etwas über die Grundprinzipien der Mayr-Medizin und was die bewährte Milch-Semmel-Kur bewirkt. Während und nach Ihrer Kur werden Sie die positiven Veränderungen an sich selbst erleben und sich an Ihrer neuen Vitalität, glatter, schöner Haut und einer schlanken Figur erfreuen können.

Die ganzheitliche Mayr-Medizin

Wer war Dr. F. X. Mayr?

Franz Xaver Mayr wurde am 28. November 1875 in der Steiermark, in Österreich, geboren. In seiner Kindheit half er im bäuerlichen Betrieb des Vaters als Hirte. Später betonte Mayr, daß er in dieser Zeit seine Beobachtungsgabe für natürliche Zusammenhänge entwickelt habe.

Dr. Franz Xaver Mayr, Arzt und Forscher (1875–1965), entwickelte ein ganzheitliches Konzept zur Erhaltung der Gesundheit

Nach Abschluß seines Medizinstudiums in Graz kam der junge Arzt an das bekannte Kurzentrum von Karlsbad. Mayr fiel auf, daß die meisten der dortigen Patienten unter Verdauungsproblemen, vor allem unter Verstopfung litten. Mit besonderer Aufmerksamkeit beobachtete er die Bauchformen der Gäste. Er stellte fest, daß sich viele äußere Symptome, wie die Körperhaltung und die Form der Bäuche (→ Seite 48/49), die Gesichtsfarbe oder die Spannkraft der Haut, bei den Kurgästen wiederholten und somit eine ähnliche Krankheit zugrunde liegen mußte. Schließlich behandelte er die meisten seiner Patienten als verdauungskrank und verordnete ihnen eine Schon- und Säuberungskur.

Ein Arzt der Gesundheit

Franz Xaver Mayr stellte sich bereits als Student die Fragen: »Was heißt gesund sein?« oder »Woran erkenne ich einen wirklich gesunden Menschen?« Die Ärzte zu seiner Zeit – nicht anders als in der heutigen – beschränkten sich auf das Erkennen einer Krankheit und das Behandeln ihrer Symptome. Die Mayr-Medizin hingegen versteht sich als ganzheitliche »Medizin der Gesundheit«.

Aufsehenerregende Heilerfolge

Das Ergebnis dieser Studien sorgte für einige Überraschungen. Zuerst erkannte Mayr, daß nach längerer Kurdauer alle Bäuche die gleiche Form annahmen. Es mußte also eine gesunde Bauchform geben, so wie auch von Herz, Niere, Leber und anderen Organen die gesunde Größe und Form feststand. Beeindruckender war noch, daß sich der Allgemeinzustand seiner Patienten durch die Kur zum Teil radikal verbesserte. Selbst Leiden, die oberflächlich gesehen gar nicht mit dem Darm zusammenhängen, wie chronische Kopfschmerzen, Herz- und Lungenbeschwerden oder Unterleibserkrankungen, verschwanden mit der Heilung des Verdauungsapparates.

Chronische Krankheiten verschwanden mit der Darmsanierung

Ein Leben für die Medizin

Dr. F. X. Mayr hielt Gastvorträge an vielen Universitäten, unter anderem in den USA. Sein ganzes Lebenswerk widmete er der Entwicklung seines medizinischen Gesamtkonzeptes, der Diagnose und Therapie nach Dr. F. X. Mayr. Vital und bei bester Gesundheit praktizierte er noch mit 90 Jahren.

Was ist ein Mayr-Arzt?

Idee und Konzept der Mayr-Medizin haben unter den Ärzten viele Anhänger gefunden. Die Zahl der Mayr-Ärzte in Kurkliniken und freier Praxis nimmt stetig zu. Sie dürfen die Bezeichnung »Mayr-Arzt« oder »F.-X.-Mayr-Kuren« führen, wenn sie eine Zusatzausbildung absolviert haben.

Immer mehr Mediziner machen eine Ausbildung zum Mayr-Arzt

Ausbildung und Selbsterfahrung

Die medizinische Leistung »Diagnose und Therapie nach Dr. F. X. Mayr« darf anbieten, wer:

- Medizin studiert hat und als Arzt zugelassen wurde
- alle drei Kurse der Ausbildung zum Mayr-Arzt erfolgreich abgeschlossen hat
- in der Zeit der Kurse selbst eine mehrwöchige Mayr-Kur erfahren hat.

Rund 400 Ärzte, vorwiegend im deutschsprachigen Raum, praktizieren heute nach der Lehre von Dr. F. X. Mayr. Die

Ausbildung, wissenschaftliche Diskussion und Weiterentwicklung der Mayr-Medizin überwacht die »Internationale Gesellschaft der Mayr-Ärzte«. Ihre Adresse finden Sie im Anhang dieses Buches (→ Seite 156). Dort können Sie auch eine Liste aller praktizierenden Mayr-Ärzte und Mayr-Kurzentren anfordern.

Weiterentwicklung der Mayr-Medizin

Das Erbe von Dr. F. X. Mayr wird gepflegt und weiterentwickelt

An dieser Stelle möchte ich meinem eigenen Lehrer, Herrn Medizinalrat Dr. Erich Rauch, danken. Sein Name wird immer fest mit dem medizinischen Erbe Dr. Mayrs verbunden sein. Dr. Rauch war persönlicher Schüler von Dr. F. X. Mayr. Mit verschiedenen Büchern sorgte Dr. Rauch dafür, daß die Erkenntnisse Dr. Mayrs nicht verlorengingen.

Außerdem entwickelte Dr. Rauch zusammen mit dem Küchenmeister Peter Mayr die »Milde Ableitungsdiät«, eine komplette Diätetik für eine gesunde Ernährung im Anschluß an die Mayr-Kur (→ Seite 94). Die Rezepte in diesem Buch, die im F.-X.-Mayr-Zentrum in Igls regelmäßig auf dem Speiseplan stehen, bauen auf der milden Ableitungsdiät von Dr. Rauch und Peter Mayr auf.

Die Mayr-Lehre

Viele Krankheiten haben ihren Ursprung im Darm

Ungesunde Ernährung und Lebensweise überlasten die Verdauung

Dr. F. X. Mayr erkannte, daß viele Krankheiten auf einer gestörten Darmfunktion beruhen oder dadurch ausgelöst werden. Er stellte bei der überwiegenden Zahl seiner Patienten fest, daß sich Teile des Verdauungsapparates, vor allem der Dünndarm, unnatürlich vergrößert hatten.

Durch ungesunde, einseitige Ernährung zu falschen Tageszeiten überlasten wir den Verdauungsapparat. Schließlich kann dieser seiner Aufgabe weder schnell genug noch in der richtigen Art und Weise nachkommen. Das Darmrohr dehnt sich aus, verlängert sich, und die Muskulatur erschlafft. Diese krankhafte Veränderung wird auch als »Enteropathie nach Mayr« bezeichnet.

Schon lange bekannt

Vieles, was Dr. F. X. Mayr medizinisch aufklärte, war in der Volksmedizin schon lange bekannt. Das Sprichwort »Der Apfel ist des Morgens Gold, des Mittags Silber und des Abends Blei« bestätigt Dr. Mayrs Thesen: Ein Apfel, am Abend verzehrt, gärt im Darm, der in der Nacht langsamer arbeitet, und schadet damit dem Körper. Das gleiche gilt auch für anderes Obst, Salate und Rohkost!

Ein schlaffer Darm führt zur Selbstvergiftung

Die »Enteropathie nach Mayr« führt langsam, aber sicher zu Beschwerden und kann schließlich auch schwere Krankheiten verursachen. Da sich die Nahrung nicht mehr schnell genug im Darm weiterbewegt, setzen im fast stillgelegten Nahrungsbrei Gärungs- und Fäulnisprozesse ein. Im Körper bilden sich zum Teil giftige Substanzen, wie Kadaverin und Putreszin, oder Fuselalkohole, wie Methanol und Butanol. Dr. Mayr nannte diesen Vorgang »Selbstvergiftung über den Darm« (Intestinale Autointoxikation).

Im trägen Darm finden Gärungs- und Fäulnisprozesse statt

Viele Ärzte zweifelten zunächst an der Möglichkeit einer Selbstvergiftung. Inzwischen konnte aber mit modernen Laboranalysen nachgewiesen werden, daß Dr. Mayr mit allen seinen Behauptungen recht hatte.

Folgen der Selbstvergiftung

Gelangen die Gifte vom Darm in die Blutbahn, belasten sie zunächst die Leber. Steigt durch fortdauernde Darmträgheit und falsche Ernährung dieser Giftspiegel weiter an, erreichen die schädlichen Substanzen schließlich auch die übrigen Körperzellen. Als Folge davon können verschiedenste Symptome und Beschwerden auftreten:

- Kopfschmerzen, Migräne
- Unlust, Nervosität, Gereiztheit
- Schlafstörungen, Müdigkeit am Morgen
- Zungenbelag, übler Mund- und Körpergeruch
- Rücken-, Kreuz-, Gelenk-, Gliederschmerzen
- Atemnot, Herzbeschwerden, Gefäßverengung.

Chronische Beschwerden sind oft die Folge eines kranken Darms

Schäden an der Darmflora

Auch die Darmflora leidet unter der »Enteropathie«. Im aufgestauten Speisebrei vermehren sich Krankheitskeime. Sie verdrängen die symbiotische Darmflora, die wir für unsere Gesundheit brauchen. Gewinnen jene Keime die Oberhand, spricht der Arzt von »Dysbiose«. Darunter versteht man die Überwucherung der Darmflora mit schädlichen Bakterien und Pilzen. Als Folge davon wird der Organismus besonders anfällig für Infektionskrankheiten.

Die natürliche Darmflora wird von fremden Keimen verdrängt

Die Trägheit des Dünndarms belastet schließlich den ganzen Verdauungsapparat. Im Darm treten Hämorrhoiden, Entzündungen und Geschwüre auf, außerdem werden Leber, Galle und Bauchspeicheldrüse in Mitleidenschaft gezogen.

Der Körper wird »verschlackt«

Chronische Darmträgheit vermindert die Ausscheidung der Stoffwechselendprodukte, die über Leber und Galle wieder an den Darm abgegeben werden. Gifte und Abfälle müssen zunehmend über andere Ausscheidungswege, wie Nieren, Schweißdrüsen und Lunge, abgebaut werden. Sind auch diese Ausgänge überlastet, lagert der Organismus die Schadstoffe zunächst ins Fettgewebe, dann in das Bindegewebe, später schließlich überall im Körper ein. In Anlehnung an die Prozesse in Hochöfen nannte Dr. F. X. Mayr diesen Vorgang »Verschlackung«. Der Begriff der »Entschlackungskur« geht ebenfalls darauf zurück.

Ursache vieler Zivilisationskrankheiten

Schlacken sind Abfallstoffe, die sich im Körper abgelagert haben

Die Gewebeverschlackung und mit ihr die Übersäuerung des Körpers stehen am Beginn vieler Zivilisationskrankheiten. Das Spektrum reicht von der Zellulitis über rheumatische Beschwerden, Arthrosen, Spondylose (chronische Gelenksentzündung), Gallen- und Nierensteine, Arteriosklerose bis zum Grauen Star.

Selbst auf den Geist wirkt sich die Verschlackung negativ aus. Die Gifte aus dem Darm greifen das Nervensystem und das Gehirn an. Sie verursachen depressive Verstimmungen, Leistungsstörungen, Vergeßlichkeit und Gereiztheit.

Die drei berühmten »S«

Dr. F. X. Mayr entwickelte ein komplettes Programm, um die Gesundheit des Verdauungsapparates wiederherzustellen. Dabei lehrte er seine Patienten, sich auch nach der Kur naturgemäß, mit frischem Gemüse, Getreide und Obst zu ernähren. Die Eckpfeiler seiner Kur nannte Dr. F. X. Mayr die drei »S«:

- Schonung
- Säuberung
- Schulung.

Die drei »S« symbolisieren die Grundprinzipien der Mayr-Kur

Erstens: Die Schonung

Den besten Arzt trägt jeder in sich selbst! Ob Krankheit oder Verletzung, der Organismus hat fast immer genügend Kraft, sich selbst zu regenerieren und zu heilen. Man muß ihm nur die nötige Zeit und die Chance dazu geben, das heißt, man muß ihn bestmöglich schonen.

Für den Verdauungsapparat bedeutet Schonung die maximale Entlastung von schwerverdaubaren Nahrungsmitteln. Dr. F. X. Mayr verordnete daher seinen Patienten ein spezielles Fastenprogramm in Form einer Diät mit Milch und Semmeln.

Milch und Semmeln haben die F.-X.-Mayr-Diät bekannt gemacht: Sie schonen während der Kur den Darm und bieten die nötigen Nährstoffe

Die Milch spendet Kalorien und enthält wichtige Nährstoffe: Eiweiße, Kohlenhydrate, Fette, Vitamine, Mineralien, Spurenelemente und Fermente. Die Semmel, ein Weißmehlbrötchen ohne wertvolle Nahrungsbestandteile, belastet bei ihrer Zerlegung die Verdauung nur gering und dient in erster Linie dem richtigen Verzehr der Milch.

Die Milch enthält wichtige Nährstoffe, die Sie auch während der Diät brauchen

Die Kombination von Milch und Semmeln schont während der gesamten Kur den Verdauungstrakt. Vor allem der Dünndarm regeneriert sich und bildet sich auf seine natürliche Länge zurück. Die Monotonie des Speiseplans trägt ebenfalls zur Schonung und Entlastung des Verdauungsapparates bei.

Schonung fördert die Heilung

Nicht nur die Diät folgt dem Prinzip der Schonung. Ihr Verhalten im Alltag während und nach der Kur beeinflußt ebenfalls nachhaltig den Kurerfolg. Sie sollten in dieser Zeit

- anstrengende, ungeliebte Tätigkeiten möglichst vermeiden
- vor dem Mittagessen eine Ruhepause einhalten
- keinen Leistungssport betreiben
- auch den Geist entlasten, zum Beispiel nicht zu lange fernsehen oder Radio hören
- lange Autofahrten vermeiden
- vor Mitternacht, am besten zwischen 21.00 und 21.30 Uhr, schlafen gehen.

Vermeiden Sie in der ersten Kurwoche stärkere Belastungen

Trotz der allgemeinen Schonung ist es durchaus möglich, eine Mayr-Kur auch während der Berufstätigkeit durchzuführen. Wählen Sie jedoch einen Zeitraum, in dem ihre berufliche Belastung nicht allzu hoch ist!

Das Schonprinzip im Alltag

Tiere folgen instinktiv dem Schonprinzip: Bei Krankheit oder Verletzung verstecken sie sich an einem sicheren Ort und fressen nichts oder nur bestimmte Pflanzen, bis sie wieder gesund sind. Vernünftige Menschen handeln ebenso: Wer fiebert, sollte im Bett liegen, wer eine Verletzung hat, sie ruhigstellen. Wer Migräne hat, zieht sich allein in ein ruhiges Zimmer zurück. Nur so können alle Kräfte in die Regeneration fließen!

Zweitens: Die Säuberung

Die Säuberung des Körpers ist neben der Regeneration durch Schonung die zweite wichtige Aufgabe der Mayr-Kur. Säuberung versteht sich in diesem Zusammenhang als

- Reinigung des Darmrohrs von zersetzten Nahrungsresten
- Abbau von Schlackenstoffen, also schädlichen Stoffwechselendprodukten, die im gesamten Gewebe abgelagert sind
- Entsäuerung des Organismus bis auf die Zellebene hinab.

Säuberung von innen ist der Kernpunkt der Darmsanierung

Ausscheidung aller Schadstoffe

Eine Entschlackung – so nannte Dr. F. X. Mayr die Säuberung – erfolgt, wenn dem Körper keine belastenden Stoffe mehr zugeführt werden und gleichzeitig die Ausscheidung von Schadstoffen angeregt wird. Mit dem Fasten stellt der Körper von der äußeren auf die innere Ernährung um. Das bedeutet, daß er Depotzellen abbaut und dabei Schlackenstoffe frei werden. Zur Loslösung und Ausscheidung dieser Schlacken müssen Sie während der Kur viel Flüssigkeit trinken: 2 bis 3 Liter pro Tag.

Während der Kur trinken Sie jeden Morgen in Wasser aufgelöstes Bittersalz

Die Aufgabe des Bitterwassers

Der Kurpatient nimmt jeden Morgen einen gehäuften Teelöffel (sieben Gramm) Bittersalz (das ist Magnesiumsulfat) aufgelöst in einem Viertelliter Trinkwasser zu sich. Diese Konzentration von zirka 0,9 Prozent entspricht dem natürlichen Salzgehalt des Körpers, so daß er weder Wasser aufnimmt, noch zusätzliches abgibt. Das Bitterwasser durchschwemmt einfach den Organismus und reißt Nahrungsrückstände, die an der Darmwand kleben, mit sich. Dr. F. X. Mayr nannte dies die »Durchrieselung« des Magen-Darm-Traktes.

Durch den Abbau der Depotzellen strömen außerdem vermehrt gelöste Schlackenstoffe aus dem Körper in den Darm, die dabei mit hinausgespült werden. So reinigt das Bitterwasser gleich zweifach: zum einen den Darm selbst, zum anderen den ganzen Körper über die schnelle, verstärkte Ausscheidung der abgebauten Schlackenstoffe.

So wirkt das Bitterwasser

An Ihrem Stuhlgang können Sie die innere Säuberung verfolgen

Meist entleert sich der Darm ungefähr eine halbe Stunde nach dem Bitterwassertrunk recht energisch. Viele Menschen verwechseln diesen Vorgang mit einem Durchfall. Bei einem Durchfall (Diarrhoe) verliert der Körper jedoch Wasser durch eine krankhafte Störung im Dickdarm.
Während der gesamten Mayr-Kur bleibt der Stuhl aufgrund des Bitterwassers flüssig oder sehr breiig. An ihm können Sie den Säuberungsprozeß deutlich verfolgen. In den ersten zehn Tagen kommt es oft zu scharfen, übelriechenden Entleerungen. Eine milde Wundsalbe auf natürlicher Basis lindert etwaige Schmerzen im Afterbereich. In der zweiten Kurhälfte stellt sich jedoch ein fast geruchsloser, heller bis mittelbrauner Stuhlgang ein, in etwa wie bei einem Säugling.

Befreiende innere Reinigung

Wird die Entschlackung im Darm angeregt, kommt es auch über die anderen Entgiftungswege, die Nieren, die Haut und die Lunge, zur Reinigung. Übelriechende Schweißausbrüche zählen ebenso zu den Entschlackungsreaktionen wie Mundgeruch, belegte Zunge oder dunkelgelber Urin. Diese Effekte hören nach einigen Tagen auf, wenn die meisten Gifte ausgeschieden sind.
Die innere Reinigung erlebt jeder Mensch als sehr befreiend und vitalisierend. Gewebe lockern sich, die Gelenke werden beweglicher, Muskeln entspannen sich. Ein guter Masseur erkennt allein durch Tasten und Kneten der Muskeln den Fortschritt bei der Entschlackung!

Neue Schönheit von innen

Mit zunehmender Genesung des Darms wird ihre Haut glatter, straffer und bekommt einen gesunden rosigen Schimmer

Auch an Ihrem Äußeren werden Sie die Entschlackung miterleben. In den ersten Tagen kann sich eine leichte Grünfärbung im Gesicht abzeichnen. Auch können Ringe unter den Augen auftreten. Mit zunehmender Entgiftung wechselt jedoch die Gesichtsfarbe zu einem frischen, gesunden Hautton, Augenringe verschwinden, und die Züge straffen sich. So wird die Entschlackungskur zu einem natürlichen Jungbrunnen!

Drittens: Die Schulung

Unter Schulung verstand Dr. F. X. Mayr in erster Linie einen körperlichen Vorgang: Der Darm sollte während der Kur wieder lernen, seine Verdauungsaufgabe optimal durchzuführen. Als Training für den Darm entwickelte Dr. Mayr eine eigene Massagetechnik, die manuelle Bauchbehandlung (→ Seite 76). Diese Form der Bauchmassage bewirkt eine deutliche Steigerung der Darmtätigkeit. Sie fördert die Zirkulation des Blutes und der Lymphe im Bauchraum. Die Verdauungsdrüsen erholen sich, und die Ausscheidung von Stoffwechselendprodukten in den wieder leistungsfähigen Darm steigt. Auch die Atmung des Patienten verbessert sich.

Schulung bedeutet, die Verdauung für ihre Aufgaben zu trainieren

Natürlich kann ein Mayr-Arzt die manuelle Bauchbehandlung am effektivsten durchführen. Sie finden jedoch auf Seite 76 eine Anleitung zur Selbstmassage, damit Sie sich auch selbst behandeln können, wenn Sie die Kur zu Hause machen.

Richtig essen nach Mayr

Die Eßkultur nach Dr. F. X. Mayr wird auch zum Heilprinzip der Schulung gezählt. Tatsächlich kommt der richtigen Nahrungsaufnahme so große Bedeutung zu, daß ich sie in diesem Abschnitt eigens erklären möchte.

Nahrung und Ernährung

Zwischen den Begriffen »Nahrung« und »Ernährung« besteht ein grundsätzlicher Unterschied. Nahrung bezeichnet die Speisen, die wir zu uns nehmen. Ernährung steht für den Vorgang, wie Nahrung eingenommen, in Verdauungsprozessen chemisch zerlegt und von Blut- und Lymphkreislauf zu den Körperzellen transportiert wird.

Gesunde Ernährung hängt davon ab, wie gut die Nahrung verdaut ist

Dr. F. X. Mayr bezeichnete Ernährung als das Produkt aus Nahrung und Verdauung. Eine gesunde Ernährung hängt somit von weit mehr ab als nur von gesunden Nahrungsmitteln, nämlich vor allem von einer gesunden Verdauungsleistung. Auch die besten Lebensmittel können dem Organismus nur dann nützen, wenn die Verdauung richtig funktioniert.

Tip

So kauen Sie richtig

Zu Kurbeginn fällt es den meisten Menschen schwer, richtig zu kauen und einzuspeicheln. Ich empfehle folgendes: Nehmen Sie den Mund nur zu rund einem Viertel voll. Kauen Sie, indem Sie mindestens 30mal mit den hinteren Zähnen zusammenbeißen. Erst dann dürfen Sie schlucken!

Kauen und Einspeicheln

Ob hart oder weich, jede Nahrung muß lang genug gekaut werden

Verdauung beginnt nicht erst im Magen, sondern bereits im Mund. Feste Speisen müssen mit den vorderen Zähnen abgebissen und zerkleinert und dann mit den Backenzähnen und Mahlzähnen – wie der Name sagt – möglichst fein zermahlen werden. Flüssige und weiche Nahrung sollte genauso gründlich gekaut, das heißt im Mund hin und her gewälzt werden, wie feste. In den Fermenten des Speichels, den die Ohr- und Mundspeicheldrüsen abgeben, sind Enzyme enthalten, die eine erste chemische Zerlegung der Nährstoffe bewirken. Wer richtig gekaut und eingespeichelt hat, schluckt nur einen dünnen Brei, keine Brocken. Dieser gleitet ganz leicht die Speiseröhre hinab in den Magen.

Wer gut kaut, schont den Magen

Im Restaurant, am Würstchenstand, in der Kantine oder im Schnellimbiß können Sie gut beobachten, daß sich fast niemand mehr die Zeit nimmt, richtig zu kauen. Zu schnelles Hinunterschlingen überlastet aber alle nachfolgenden Verdauungsorgane. Besonders Magen und Dünndarm sind davon betroffen, denn sie müssen die Aufgaben der Mundhöhle in diesem Fall miterledigen. Dies ist die erste Ursache für eine »Enteropathie nach Mayr«.

Neue Genüsse

Kaum jemand nimmt sich die Zeit, langsam zu essen

Wer lange kaut, bereitet die Nahrung gut für den Verdauungsprozeß vor und macht ganz nebenbei neue geschmackliche Erfahrungen. Ein Weißmehlbrötchen beginnt, bei ausführlichem Kauen süßlich zu schmecken. Bereits im Speichel werden höherwertige Kohlenhydrate in einfache Zucker zerlegt.

Vollwertige Kost, etwa Gemüse, schmeckt immer besser, je länger Sie kauen. Andere, eher minderwertige Speisen, wie Schweinsbratwürste, verlieren nach dem ersten, intensiven Eindruck rasch an Geschmack.
Betrachten Sie die Eßkultur nach Dr. F. X. Mayr ähnlich wie ein Autogenes Training. Versuchen Sie, sich selbst »umzukonditionieren«: vom raschen Schlinger zurück zum langsamen Kauer und damit zum wahren Genießer!

Wann bin ich satt?

Schließlich empfindet nur ein langsamer Esser den natürlichen Sättigungsreflex. Wer schnell ißt, überhört meistens das sanfte »Es-ist-genug-Zeichen« aus dem Bauch. Er merkt erst am Druckgefühl, daß der Magen voll, meist schon zu voll ist. Machen Sie die Probe: Wenn Sie eine Scheibe Brot oder eine halbe Semmel so essen, wie im blauen Kasten auf der nebenstehenden Seite beschrieben, sollten Sie sich satt und zufrieden fühlen.

Entdecken Sie ganz neue Genüsse: Obst und Gemüse schmecken immer besser, je länger Sie kauen

Essen zur rechten Zeit

Der richtige Zeitpunkt zur Nahrungsaufnahme trägt wesentlich zu einer gesunden Ernährung bei. Eine Volksweisheit trifft den Nagel auf den Kopf: Frühstücken wie ein Kaiser, Mittagessen wie ein Bürger und Abendessen wie ein Bettler.

Pausen gehören dazu

Zwischen den Mahlzeiten sollten Sie Pausen von vier bis fünf Stunden einhalten. Gönnen Sie Ihrem Darm diese Zeit zur Erholung und zur Vorbereitung auf die nächste Nahrungszufuhr. Als Mayr-Arzt teile ich nicht die Meinung der Ernährungswissenschafler, Sportmediziner oder Sozialversicherungsträger, die bis zu fünf oder sechs kleinere Mahlzeiten am Tag empfehlen. Diese Ernährungsweise führt zu einer permanenten Überbelastung des Verdauungsapparates und auf lange Sicht zur Enteropathie.

Abendregeln

Genießen Sie Ihr Abendessen 4 bis 5 Stunden vor dem Zubettgehen

Mit dem Schlaf beginnt auch für den Verdauungsapparat eine Ruhephase, in der er deutlich langsamer arbeitet. Die Tätigkeit der Darmmuskeln nimmt ab, der Nahrungsbrei bewegt sich langsamer durch die Dünndarmschlingen. Eine üppige Abendmahlzeit liegt nicht nur sprichwörtlich schwer im Magen, sondern gärt und fault in den Nachtstunden. So kann es zur Selbstvergiftung über den Darm kommen (→ Seite 23).

Essen Sie deshalb vier bis fünf Stunden vor dem Schlafen nichts mehr! Vermeiden Sie nach 16.00 Uhr Rohkost, insbesondere Obst, ungekochtes Gemüse, Salate und schwere Vollkornprodukte!

1. Daran können Sie sich satt essen: Vollkornprodukte und Kartoffeln
2. Stehen täglich auf dem Speiseplan: Gemüse und Obst
3. Das ist nur ab und zu erlaubt: tierisches Eiweiß
4. Das sollten Sie vermeiden: fetthaltige Genußmittel

Gesunde Nahrungsmittel

Gesunde Nahrungsmittel vervollständigen eine gesunde Ernährung. Die Frage nach gutem und gesundem Essen beschäftigt seit jeher die Menschheit. Kochbücher füllen Bibliotheken, Jahr für Jahr erscheinen Tausende wissenschaftlicher Arbeiten rund um das Thema Ernährung. Die meisten dieser Werke berücksichtigen dabei allerdings die elementare Bedeutung der Verdauung nur wenig oder gar nicht.

Auf Körpersignale hören

Ein gesunder Mensch weiß intuitiv, welche Speisen ihm guttun

Dr. F. X. Mayr beantwortete die Frage der richtigen Ernährung von einer anderen Seite: Ein gesunder Mensch wisse dank seiner Sinne und Reflexe, wann er was und wieviel zu sich nehmen soll. Ein Ziel der Mayr-Kur besteht darin, die Sinne auf das Erkennen guter, wertvoller Nahrung zu trainieren. Es gilt folgende intuitive Reflexe wieder wahrzunehmen und auch zu befolgen:

- zuviel (Signal: Sättigung)
- zu wenig (Signal: gesunder Hunger)
- schlecht Gekautes (Signal: Schluckhemmung)
- Schädliches (Signal: Würgereiz).

Um diese Signale wahrnehmen zu können, müssen zunächst die natürlichen Sinne wieder geschult werden. Allerdings sollte man später dann auch bereit sein, sein Verhalten nach den signalisierten, echten Bedürfnissen konsequent auszurichten.

Die Zusammenstellung der Nahrung

Ich möchte Ihnen zwei Ernährungsmodelle ans Herz legen, ohne die eine gesunde Ernährung nicht möglich ist. Ebenso finden Sie eine Liste mit den wichtigsten Geboten, an die sich die gesunde Küche halten sollte.

Tierisches Eiweiß einschränken und Fett möglichst vermeiden

In der nebenstehenden Grafik sehen Sie die grundsätzliche Zusammenstellung der Nahrungsbestandteile, auf der eine gesunde Mahlzeit aufbauen sollte. Kohlenhydrate als Energieträger machen den Hauptbestandteil einer gesunden Mahlzeit aus. Fette, insbesondere tierische, gilt es möglichst zu vermeiden. Auch Eiweiß kommt nur zu einem geringeren Anteil vor. Besonders rein tierisches Eiweiß gilt es einzuschränken. Besser sind pflanzliches und Milcheiweiß. Eine empfehlenswerte Zusammensetzung der Nahrung besteht

- zu 60 Prozent aus gebundenen Kohlenhydraten (Vollwertprodukte)
- zu 30 Prozent aus Eiweiß (mehr pflanzliches als tierisches)
- zu 10 Prozent aus Fett (möglichst pflanzlichen Ursprungs).
- Vitamine, Mineralien und Spurenelemente runden die gesunde Ernährung ab.

Ein Tip: Wenn Sie Ihren Speiseplan zusammenstellen, achten Sie besonders auf versteckte Eiweiße und Fette, wie in Würsten, Saucen oder Fertiggerichten!

Auf dem roten Teller liegen Lebensmittel, die sauer, auf dem blauen Teller Lebensmittel, die basisch wirken

Säure-Basen-Gleichgewicht

Das zweite Modell für eine gesunde Ernährung bezieht sich auf das Säure-Basen-Gleichgewicht. In unserem Körper laufen ständig chemische Reaktionen zwischen Säuren und Basen ab. Die Magendrüsen erzeugen Salzsäure zur chemischen Zerlegung der Nahrung. Im Gleichgewicht dazu entstehen Basen, die in den Blutkreislauf übergehen. Die Basen im Blut neutralisieren jene Säuren, die durch Stoffwechselvorgänge ständig im gesamten Körper entstehen. Das Blut muß aus diesem Grund stets leicht basisch bleiben.

Auch die Verdauungsdrüsen (Leber, Bauchspeicheldrüse und Dünndarmdrüsen) benötigen Basen für ihre Funktionen. Daraus erzeugen Sie täglich rund fünf Liter Verdauungssekrete zur Neutralisierung der Säuren, die durch Verdauungsvorgänge im Darm entstanden sind.

Zu starke Säurebildung

Einen Säureüberschuß baut der Organismus normalerweise über Lunge, Nieren, Schweißdrüsen und Darm ab. Sind diese Wege überlastet, steht noch eine gewisse Pufferkapazität im Blut und in den Geweben zur Verfügung. Werden weiterhin überwiegend saure und säurespendende Nahrungsmittel ge-

> **Tip**
>
> ### Ein Test: Sind Sie übersäuert?
>
> *In einem übersäuerten Organismus verhärten sich die Muskeln. Probieren Sie es aus: Wenn Sie den Daumen knapp oberhalb des Schlüsselbeins anlegen und mit der Hand über Ihre Schulter fassen, ergreifen Sie einen Muskel, den Deltoideus. Greift sich der Muskel hart und schmerzhaft an, ist dies ein ernster Hinweis auf eine Übersäuerung Ihres Körpers!*

Verhärtete Muskeln sind ein sicherer Hinweis auf Übersäuerung

gessen, beginnt der gesamte Organismus zu übersäuern. Die Wissenschaftler, die die Zusammenhänge zwischen Übersäuerung und Krankheit entdeckten und erforschten, formulierten treffend: »Auf saurem Boden gedeiht die Krankheit.«
Die Einlagerung von überschüssigen Säuren in Geweben ist auch eine Art der Verschlackung. Sie kann zu Gicht, rheumatischen Erkrankungen, Gallen- und Nierensteinen, Gefäßverkalkung, Entmineralisierung und nachfolgenden Zahnschäden, Krampfadern und Osteoporose führen. Die meisten Zivilisationskrankheiten, einschließlich Migräne, Herzerkrankungen und vieler Krebsformen, beginnen mit einer Übersäuerung des Körpers.

80 Prozent basisch – 20 Prozent sauer

Auf das richtige Gleichgewicht zwischen sauer und basisch kommt es an

Der Säure-Basen-Haushalt des Körpers regelt sich über die Ernährung. Als Faustregel gilt: Rund 80 Prozent unserer Lebensmittel sollten basisch, rund 20 Prozent sauer wirken (→ hintere Umschlagklappe). Sauer bedeutet in diesem Zusammenhang, daß das betreffende Nahrungsmittel Säuren bildet und dem Organismus wichtige Basen entzieht. Basisch besagt, daß durch das Nahrungsmittel dem Körper Basen gespendet werden.
Basische und basenspendende Lebensmittel:

- Wurzelgemüse (Kartoffeln, Rettich, Möhren)
- Gemüse (Ausnahmen: Rosenkohl und Artischocken)
- Pilze
- Obst (auch Zitrusfrüchte) in maßvoller Menge
- Buttermilch, Rohmilch, Frischmilch, Landbutter
- Kräuter (Gartenkräuter, Gewürze, Kräutertee)
- außerdem Soja (Mehl, Granulat), Nüsse, Reinlezithin

Saure und säuernde Lebensmittel:

- Industriezucker (in Süßigkeiten, Limonaden, Fertiggerichten)
- tierisches Fett und Eiweiß (Schweine-, Rind-, Putenfleisch und Fisch)
- raffinierte Fette (industrielle Margarine und Öle)
- Käse, besonders Hartkäse
- Getreide (Mehl, Nudeln, Brot, Reis)
- Erdnüsse, Walnüsse
- Zusatzstoffe (Konservierungsmittel, Geschmacksverstärker)
- Alkohol
- Kaffee, Schwarzer Tee
- Nikotin

Alle Genußmittel wie Alkohol, Kaffee und Schwarzer Tee sind Säurebildner

Die gesunde Küche

- Eine gesunde Küche baut auf natürlichen, frischen Lebensmitteln auf. Alles Denaturierte, wie Konserven, Trocken- und Fertiggerichte, industriell gefertigte Produkte und künstlich gezüchtete oder überdüngte Lebensmittel, sollten Sie am besten vollständig vermeiden.
- Die Speisenzusammenstellung orientiert sich an den Jahreszeiten und nutzt die frischen Produkte der Saison.
- Tiefkühlgemüse behält übrigens seine natürliche Wertigkeit zu rund 90 Prozent und ist Waren, die schon ein paar Tage im Regal liegen, vorzuziehen. Achten Sie darauf, daß keine Fette oder Geschmacksverstärker mitverarbeitet sind.
- Bei der Zusammenstellung eines Gerichtes gilt es, die richtige Menge der wertvollen säurespendenden Lebensmittel, wie Fisch, Rind- und Putenfleisch oder Vollkornbrote, mit Basenspendern, wie Kartoffeln, Gemüse, Pilzen und Kräutern, zu kombinieren.

Der Speiseplan wird von den Jahreszeiten bestimmt

- Ein Wort zur Zubereitung: In der gesunden Küche bleiben Lebensmittel möglichst naturbelassen. Gemüse sollen schonend gegart, Fleisch gedünstet oder kurz gekocht werden. Alle Zubereitungen, die hohe Temperaturen oder viel Fett erfordern, wie Backen, Panieren, Braten, sollten Sie vermeiden!

Der beste Einstieg in die gesunde Ernährung ist eine Kur nach F. X. Mayr. Denn erst ein saniertes Verdauungssystem kann die Nahrungsmittel einer gesunden Küche richtig verwerten.

Eßkultur nach Mayr heißt: eine freundliche Umgebung, ein hübsch gedeckter Tisch, viel Zeit und wahrer Genuß mit jedem Bissen

Eßkultur nach Mayr

Dr. F. X. Mayr pflegte eine besondere Eßkultur, die er auch seinen Kurpatienten nahelegte. In entspannter, ausgeglichener Atmosphäre sollte jeder Bissen mit Genuß voll ausgekostet und verzehrt werden. Ansprechend zubereitete Speisen und ein gepflegt gedeckter Tisch steigern den Genuß. Bei der Mahlzeit selbst sollten Sie sich von Ablenkungen und Unannehmlichkeiten abschirmen!

Seine grundsätzlichen Eßregeln lauteten:

- einen gesunden Hunger verspüren
- mindestens eine halbe Stunde Zeit haben
- körperlich und seelisch ausgeglichen sein
- unangenehme Gespräche nicht beim Essen führen
- kein Radio, Fernsehen oder Zeitunglesen nebenbei
- Telefon und Türglocke einfach ignorieren!

Inszenieren Sie jedes Essen wie ein kleines Fest. Wenn Sie gerne Hintergrundmusik haben, dann wählen Sie beispielsweise klassische Musik, die eine entspannte Atmosphäre fördert.

Tun Sie sich und Ihrer Familie mit jedem Essen etwas Gutes!

Spüren Sie bei jedem Bissen durch langsames Kauen, bewußtes Schmecken und Auskosten, daß Sie sich etwas Gutes tun! Stellt sich ein leichtes Gefühl der Sättigung ein, hören Sie einfach zu essen auf. Verpflichten Sie weder sich selbst noch andere, alles aufessen zu müssen!

Die neue F.-X.-Mayr-Kur

Es war stets der Wunsch von Dr. F. X. Mayr, daß andere Ärzte seine Methoden anwenden, kritisch überprüfen, korrigieren und weiterentwickeln sollten. Um den unveränderten und bewährten Kern der Diagnose und Therapie nach Dr. F. X. Mayr entstanden im Laufe der letzten Jahrzehnte ergänzende Kurhilfen, Diätetiken und medizinische Verfahren. Wenn wir heute von der »neuen F.-X.-Mayr-Kur« sprechen, bezeichnet das eine dem aktuellen Wissensstand der Medizin angepaßte Kurform.

Es war Dr. Mayrs Wunsch, daß andere seine Arbeit weiterführen sollten

Die moderne Form der Kur

Sanftes Hineingleiten statt strenger Beginn

Eine Mayr-Kur begann früher oft mit strengem Teefasten, gefolgt von wochenlanger Milch-Semmel-Diät. Sie endete meist recht abrupt, sobald sich die erwarteten »Zeichen der Gesundheit« (→ Seite 45–53) einstellten.

Die Erfahrung zeigt, daß die strenge Form des Teefastens von heutigen (Wohlstands-)Menschen schlechter vertragen wird, als das noch vor 30 Jahren der Fall war. Deshalb verzichtet die neue F.-X.-Mayr-Kur meist auf das reine Teefasten.

Heutige Wohlstandsmenschen fasten lieber nicht so streng

Dafür wurde eine komplette Diätetik zur Ein- und Ausleitung der Kur entwickelt, die Milde Aufbaudiät (MAD). Mit dieser besonders verdauungsfreundlichen Diät regeneriert sich der Darm nach der Kur optimal. Ein problemloser Übergang zu gesunder Normalkost ist dann gewährleistet.

Die neue F.-X.-Mayr-Kur dauert durchschnittlich drei Wochen. Da der gesamte Organismus durch eine Mayr-Kur von Schadstoffen gereinigt wird, empfiehlt sie sich als alljährlicher »Service« für Körper und Geist.

Neue Nahrungsmittel

Die klassische Mayr-Semmel wich in unserem Kurzentrum einem speziellen Vollwert-Dinkelbrötchen. Dinkel, der wiederentdeckte Urweizen, reagiert im Verdauungsprozeß leicht basisch. Trotzdem konnten alle Vorteile der sauren Weizensemmel erhalten bleiben. Die Konsistenz der Semmel, die dem Erlernen des Kauens und Einspeichelns dient, blieb unverändert. Als Alternative stehen auch hefefreie Knäckebrote und Kur-Fladen-Brote aus Dinkel zur Wahl.

Falls Kurpatienten unter Milchunverträglichkeit leiden, bieten wir statt der Milch Azidophilus- oder Soja-Produkte an.

Bei den Eiweißzulagen vom sechsten Kurtag an achten wir auf Pflanzen- und Milcheiweiß mit wenig Fettsäuren oder vorwiegend rechtsdrehenden Fettsäuren. Bei diesen ist die Belastung des Körpers geringer.

Ein feingemahlenes Vollwert-Dinkelbrötchen hat bei uns die klassische Weißmehlsemmel abgelöst

Für Abwechslung ist gesorgt

Strenge Monotonie herrscht nur noch in der ersten Kurwoche. Danach dürfen Eiweißzulagen, Brötchen, Tees, Malzkaffee, Sauermilch, Frischmilch und andere Nahrungsmittel im Drei-Tages-Rhythmus gewechselt werden.

Der Kurerfolg bleibt davon unberührt. Die Patienten gewöhnen sich auf diese Weise mit mehr Freude an gesunde Nahrung und an eine veränderte Ernährungsweise.

Das vierte »S« – die Substitution

Als Substitution bezeichnen wir die Ergänzung fehlender Vitalstoffe

Aufgrund neuerer Erkenntnisse der Ernährungswissenschaft haben wir es für sinnvoll gehalten, neben Schonung, Säuberung und Schulung noch ein viertes »S« einzuführen: die »Substitution«.

In der neuen F.-X.-Mayr-Kur werden bestimmte Vitalstoffe während der Kur ergänzend eingenommen. Es handelt sich um Vitalstoffe, die dem Körper bereits vor der Kur fehlten, vom geschädigten Darm nur unzureichend aufgenommen werden oder in der Diätnahrung fehlen. Sie werden auf anderem

Weg ersetzt. Meistens geschieht dies durch die Einnahme von entsprechend konzentrierten, pflanzlichen Präparaten, zumeist Orthomolekularen Medikamenten (→ Seite 147).

Die Art der Substitution muß der behandelnde Mayr-Arzt jeweils individuell bestimmen. Je nach persönlichem Lebenswandel und Konstitution leiden einige Patienten unter Vitaminmangel, andere an Mineralstoffdefiziten. Es gibt jedoch einige Substitute, die fast immer verordnet werden, weil sie den Kurerfolg unterstützen. Das sind

Welche Vitamine und Mineralstoffe Sie brauchen, entscheidet Ihr Mayr-Arzt

- orales Basenpulver und
- pflanzliche Extrakte, um die Verdauungsdrüsen wieder zu aktivieren.

Das Basenpulver

Basenpulver enthalten ein Mineralstoffgemisch, das es dem Organismus erleichtert, Basen zu bilden (daher der Name). Das ist während der Kur besonders wichtig, da Sie nicht genügend Basen mit der Nahrung zu sich nehmen können. Deshalb ist eine Substitution unbedingt erforderlich. Basenpulver mit einem möglichst hohen Gehalt an Natrium-Bicarbonat (z.B. »Bullrich's Vital«) erhalten Sie in der Apotheke.

Die Bittersegen-Tropfen

Bittersegen-Tropfen unterstützen die Funktion von Leber, Galle und Magen

Während der Kur verringert sich die Tätigkeit der Verdauungsdrüsen. Um das zu vermeiden, verschreibt der Mayr-Arzt ein Präparat wie die Bittersegen-Tropfen, einen Kräuterauszug, der die Verdauungsdrüsen anregt. Bittersegen (oder Schwedenbitter) ist in Apotheken und den F.-X.-Mayr-Kurzentren (→ Seite 156) erhältlich. Sie können auf ähnliche Präparate ausweichen, z.B. Legalpas, Schwedenbitter.

Leben mit Lust nach Mayr

Viele Menschen erschrecken, wenn sie das erste Mal von der Milch-Semmel-Diät und den Regeln des Dr. F. X. Mayr für ein gesünderes Leben hören. Zu asketisch erscheinen ihnen die Ratschläge des österreichischen Arztes. Lassen Sie sich nicht abschrecken! Alles, was Sie in diesem Buch über Kur, Lebensstil und Ernährung lesen, wird Ihnen helfen, ein glücklicheres, aktiveres, kraftvolleres Leben zu führen. Dr. Mayr erkannte, daß die Gifte aus dem Darm uns lähmen, vorzeitig alt, krank und häßlich machen. Die Mayr-Kur zeigt einen Weg aus dieser Sackgasse heraus. Sie führt hin zu einer natürlichen, harmonischen und auch lustbetonten Lebensweise.

Sexualität und Fruchtbarkeit

Die Entschlackung des Körpers fördert nicht nur die Lebensfreude, sondern auch die Lust an der Sexualität und die Potenz. Während der ersten Fastentage sinkt zunächst das Interesse an sexuellem Kontakt. Der Organismus ist mit sich selbst beschäftigt, er stellt die Stoffwechseltätigkeit um und die Ausleitung der Gifte beginnt. Gegen Ende der Kur aber steigt die allgemeine Sinneswahrnehmung und mit ihr auch die Sinnlichkeit. Immer wieder erzählen Paare, die die Mayr-Kur gemeinsam durchgeführt haben, daß sich ihr Sexualleben intensivierte.

Die Mayr-Kur zeigt Ihnen den Weg zu einer natürlichen, harmonischen und lustbetonten Lebensweise

Die Kurkosten

Wenn Sie die Kur zu Hause durchführen, ist eine ambulante Betreuung durch einen Mayr-Arzt empfehlenswert.

- Für eine dreiwöchige, ambulante Mayr-Kur sind im Arzthonorar enthalten: eine gründliche Erstuntersuchung, die Diagnose nach F. X. Mayr, Erläuterungen zur Kur, etwa sechs manuelle Bauchbehandlungen, zwei Zwischentermine, eine Abschlußuntersuchung und das Abschlußgespräch. Eventuell wird Ihr Mayr-Arzt ergänzende therapeutische Verfahren vorschlagen, um einen optimalen Kurerfolg zu erreichen. Lassen Sie sich einen unverbindlichen Kostenvoranschlag geben.
- Bittersalz, Basenpulver und andere Substitute sind nicht sehr teuer; Sie erhalten sie in Apotheken und Reformhäusern.
- Qualitätvolle Nahrungsmittel, die Sie während der Kur zu sich nehmen, sind teurer als herkömmliche Lebensmittel aus dem Supermarkt. Durch den Wegfall aller überflüssigen und auch schädlichen Genußmittel werden Sie jedoch deutlich weniger Geld für den täglichen Bedarf benötigen.

Ihr Besuch beim Mayr-Arzt

Jeder medizinischen Behandlung muß eine ärztliche Diagnose vorangehen. Bevor Sie zum Praxisteil dieses Buches übergehen, möchte ich Ihnen erklären, mit welchen Methoden der Mayr-Arzt Ihren Gesundheitszustand erkennt und beurteilt. Einige Merkmale können Sie auch leicht an sich selbst überprüfen und eine kleine eigene Diagnose erstellen.

Eine Diagnostik der Gesundheit

Dr. F. X. Mayr entwickelte eine präzise Diagnosemethode

Dr. F. X. Mayr vollendete sein Medizinstudium zu einer Zeit, als die Apparatemedizin und die moderne Pharmakologie gerade die ersten vorsichtigen Schritte machten. Dr. F. X. Mayr konnte, wie alle Ärzte seiner Zeit, nur auf einfache Mittel und seine Sinne zurückgreifen, um die Patienten zu untersuchen. Mit großer Beobachtungsgabe für natürliche Zusammenhänge beschrieb er eine Vielzahl von äußeren Zeichen, die eine präzise Diagnose über den Darm und den Allgemeinzustand eines Patienten ermöglichen. Bei der Untersuchung richtete er seine Aufmerksamkeit auf die Formen, Längenmaße, Reflexionsgeräusche oder Farbnuancen der Körperteile und Organe. Er schrieb über diese Vorgehensweise und nannte sein Werk »Diagnostik der Gesundheit«. Darin beschrieb er erstmals genau den Zustand des »Gesund-Seins«.

Die körperliche Untersuchung

Ein Mayr-Arzt bekämpft nicht Symptome einer Krankheit, sondern versucht, den optimalen Gesundheitszustand seines Patienten wiederherzustellen.

Bei Ihrem ersten Besuch erstellt Ihr Mayr-Arzt einen gründlichen Befund über den Zustand Ihres Verdauungsapparates. Möglicherweise wird er Sie nicht sofort nach Ihren Beschwerden oder Krankheiten fragen. Seine Aufgabe besteht darin, durch sein Wissen und seine Erfahrung Ihren Gesundheitszustand möglichst objektiv zu erkennen.

Für eine Untersuchung benötigt der Mayr-Arzt vor allem seine Hände

Zu der Untersuchung müssen Sie Ihre Straßenkleidung ablegen. Im Liegen vermißt der Arzt Ihr Abdomen (Ober- und Unterbauch). Er benötigt dazu lediglich seine Hände, um die wich-

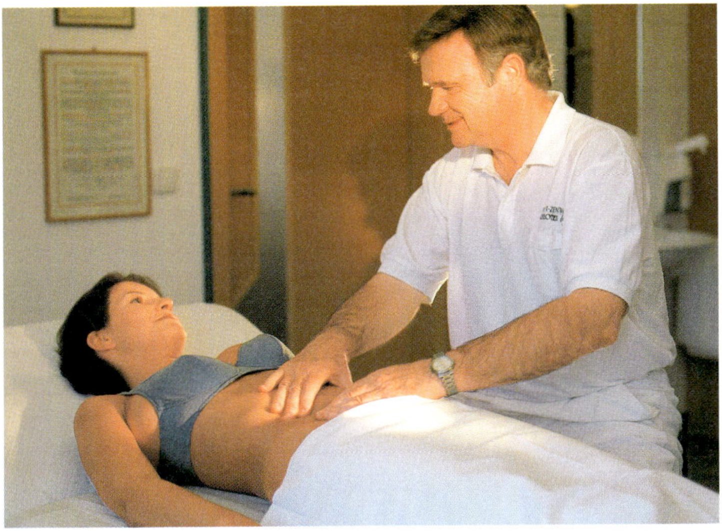

Dr. Winkler, der Leiter des F.-X.-Mayr-Kurzentrums in Igls, untersucht mit vorsichtigen Handgriffen die Lage, Größe und Form der Bauchorgane

tigsten Mayr-Maße, wie Brustbeinhöhe, Bauchmaß, Großbauchmaß, epigastrischer Winkel, Nabelmaß und Dünndarmmaß, zu erfassen. Durch Klopfen auf Bauch und Brust überprüft er die Lage und den Tonus (Spannkraft) von Zwerchfell und Magenblase. Mit vorsichtigen Handgriffen erfolgt die Palpation, das Ertasten innenliegender Organe, insbesondere von Leber, Galle und den verschiedenen Darmabschnitten durch die Bauchdecke.

Während Sie stehen, beurteilt der Arzt Ihre Haltung, die Brustkorbform und die Bauchform. Möglichst bei Tageslicht achtet er auf die Farbe der Haut und prüft mit einem leichten Griff über dem Jochbeinbogen im Gesicht die Spannkraft Ihres Gewebes (Haut, Unterhaut, Zellgewebe und Muskulatur). Er mißt den Blutdruck und bittet Sie auf die Waage.

Der Zustand der Haut und des Gewebes geben Aufschluß über Ihre Gesundheit

Die gesamte Untersuchung dauert ungefähr 30 Minuten und ist vollkommen schmerzfrei. Der Mayr-Arzt gewinnt einen umfassenden, objektiven Eindruck über den Zustand Ihrer Verdauung und Ihrer Gesundheit und interpretiert in diesem Zusammenhang Beschwerden, die Sie ihm mitteilen. Gerne wird Ihr Mayr-Arzt bereit sein, mit Ihnen das Ergebnis der Diagnose zu erörtern und Ihnen die Zusammenhänge in Ihrem Körper verständlich zu erklären.

Ergänzende Untersuchungen

Die Mayr-Diagnostik wird heute durch moderne schulmedizinische Methoden ergänzt

Die Erkenntnisse Ihres Arztes aus der Diagnose nach Mayr machen unter Umständen weitere Untersuchungen notwendig. Je nach Ausbildung des Arztes oder Schwerpunkt des Kurzentrums kommen verschiedene diagnostische Methoden zum Einsatz. Einige möchte ich Ihnen kurz vorstellen.

Säure-Basen-Test

Auskunft über das Säure-Basen-Gleichgewicht in Ihrem Körper geben Messungen des pH-Werts in Speichel und Urin. Das Ergebnis dieser Messungen ist allerdings recht ungenau und kann von kurzfristigen Faktoren (einem Schnupfen oder Speisen vom Vortag) verfälscht werden.

Eine Methode, die ein aufschlußreiches Ergebnis liefert, ist die Titration des Blutes nach Jörgensen (ein chemisches Analyseverfahren). Für diese Titration muß ein wenig Blut abgenommen werden. Dafür lassen sich auf diese Weise andere wichtige Laboruntersuchungen, zum Beispiel die Bestimmung der Blutfettwerte, gleich miterledigen.

Ein Labortest gibt Auskunft über das Säure-Basen-Gleichgewicht

Das Ergebnis gibt den Grad der Übersäuerung im Blut, im Plasma und in den Körperzellen an. Danach legt der Arzt die Einnahmemenge des Basenpulvers fest und stimmt die Ernährung während und nach der Kur darauf ab.

Labordiagnostik

In der klinischen Labordiagnostik werden sämtliche Stoffwechselwerte, ebenso Mineralstoffe und Spurenelemente sowie die Blutviskosität (Fließeigenschaft des Blutes) bestimmt. Nicht vergessen werden sollte auch die Früherkennung von Zellentartung, falls der Kurpatient nicht regelmäßig an Früherkennungsuntersuchungen teilnimmt.

EKG und Ultraschall

EKG (Elektrokardiogramm) und Ultraschall bezieht der Arzt vor allem dann in die Diagnose mit ein, wenn Störungen des Herzens oder des Gefäßsystems vorliegen. Eine Mayr-Kur ist auch bei Krankheiten in diesen Bereichen durchaus sinnvoll. Es können aber erweiterte Therapien und Zusatzuntersuchun-

gen nötig werden. Darüber hinaus ermöglicht die Ultraschalldiagnostik die exakte Darstellung der Bauchorgane, der Organe im Beckenbereich und die Beurteilung der Gefäße in dieser und allen anderen Körperregion.
Die Kombination der Mayr-Diagnostik mit modernen schulmedizinischen Verfahren ergibt eine komplette »Gesunden-Untersuchung«. Der Organismus des Patienten wird durch keine dieser Methoden belastet.

Kinesiologie und Bioresonanz

Die Kinesiologie (Applied Kinesiology = A. K.) und die Bioresonanzdiagnostik gehören zu den komplementärmedizinischen Verfahren (→ Seite 145). Durch beide Verfahren können Unverträglichkeitsreaktionen und Allergien schonend ausgetestet werden.

- In der Kinesiologie wird davon ausgegangen, daß die Muskelkraft nachläßt, wenn der Organismus mit Allergenen, also Stoffen, die eine Allergie auslösen können, oder Toxinen (Giften) in Kontakt kommt. Das Nachlassen der Muskelkraft kann erspürt oder gemessen werden.
- Ein Bioresonanztestgerät mißt Schwingungen, in die der Körper durch den Kontakt mit unverträglichen Substanzen versetzt wird.

Wir haben mit beiden Methoden gute Erfahrungen gemacht. Da der Organismus mit diesen Untersuchungen nicht belastet wird, eignen sich Kinesiologie und Bioresonanz auch besonders gut für die Diagnose bei Kindern.

Beim kinesiologischen Test spüren Untersucher und Patient, daß die Muskelkraft nachläßt, sobald etwas Unverträgliches in die Nähe des Körpers gerät

Einfache Selbstdiagnose

Eine ausführliche Diagnose durch den Mayr-Arzt läßt sich nicht ersetzen. Sie können aber den Zustand Ihres Darms und Ihrer Gesundheit anhand einiger äußerer Zeichen selbst beurteilen. Auf den nachfolgenden Seiten erfahren Sie verschiedene Methoden zur Selbstdiagnose. Aber in Ihrem Interesse: Halten Sie sich so genau wie möglich an die Angaben, denn schließlich sprechen wir über Ihre Gesundheit!

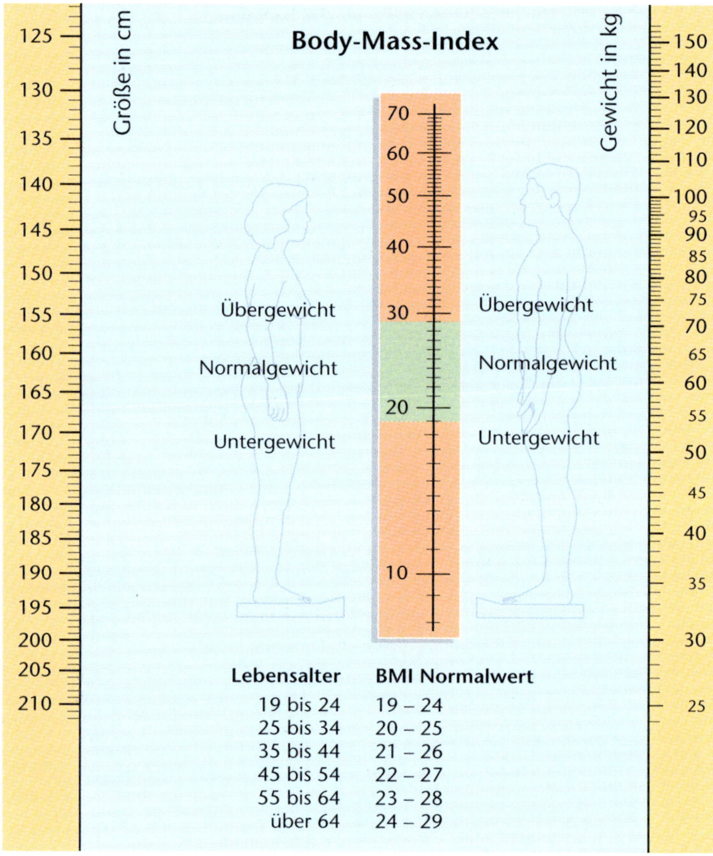

Lebensalter	BMI Normalwert
19 bis 24	19 – 24
25 bis 34	20 – 25
35 bis 44	21 – 26
45 bis 54	22 – 27
55 bis 64	23 – 28
über 64	24 – 29

Nehmen Sie ein Lineal und verbinden Sie Ihre Körpergröße (links) mit Ihrem Körpergewicht (rechts). Auf der Skala in der Mitte können Sie Ihren BMI ablesen

Idealgewicht mit dem Body-Mass-Index

Der Body-Mass-Index (BMI) ist eine moderne Methode zur Berechnung von Normal-, Über- und Untergewicht. Zur Berechnung brauchen Sie entweder einen Taschenrechner oder Sie benutzen die Tabelle oben zur schnellen Bestimmung.
Verbinden Sie einfach den Wert Ihrer Körpergröße in der linken Spalte und den Ihres Gewichtes in der rechten Spalte mit einem Lineal. Nun können Sie auf der Skala in der Mitte Ihren persönlichen Body-Mass-Index ablesen.
Wenn Sie es ganz genau wissen wollen, müssen Sie ein bißchen rechnen. Die Formel heißt:

BMI = Körpergewicht in Kilogramm dividiert durch Größe mal Größe in Metern.
Wenn Sie zum Beispiel 68 Kilogramm schwer und 170 Zentimeter (= 1,7 Meter) groß sind, beträgt Ihr Body-Mass-Index:
68 : (1,7 × 1,7) = 68 : 2,89 = 23,53 (BMI)

- BMI-Werte unter 19 entsprechen echtem Untergewicht.
- Im Spektrum von 19 bis 25 liegt das Normalgewicht.
- Von 26 bis 30 spricht man von mäßigem Übergewicht.
- Wer darüber liegt, leidet an Fettsucht.

Der Normalwert des BMI steigt mit höherem Lebensalter leicht an

Das Haltungsbild nach Dr. F. X. Mayr

Bei einem gesunden, erwachsenen Menschen weisen Bauch und Bauchhöhle in etwa die gleichen Dimensionen auf. Durch Störungen im Verdauungsapparat beginnen sich einzelne Organe zu vergrößern, und ihre Spannkraft (Tonus) läßt nach. Als Notmaßnahme muß der Organismus den oft abnorm veränderten Organen einen größeren Platz zur Verfügung stellen. Die Folgen wirken sich nicht nur auf die Figur, sondern auch auf die gesamte Körperhaltung aus.

Beobachten Sie sich selbst

Dr. F. X. Mayr beschrieb, wie die gesunde Normalhaltung aussieht, und erkannte sechs verschiedene kranke Haltungstypen, denen er folgende Namen gab:

- Habtachthaltung
- Sämannshaltung
- Großtrommelträgerhaltung
- Anlaufhaltung
- Entenhaltung
- Lässige Haltung.

Betrachten Sie Ihre Körperhaltung von der Seite im Spiegel

Alle Haltungstypen finden Sie in Zeichnungen auf den nächsten Seiten abgebildet. Versuchen Sie, sich selbstkritisch zu beurteilen und einzuordnen! Bedenken Sie. Abweichungen von der Normalhaltung sind kein angeborener Schönheitsfehler. Fast ausnahmslos handelt es sich um krankhafte Veränderungen aufgrund einer Störung in Ihrem Verdauungstrakt! Wenn Sie sich um Genesung bemühen, wird sich Ihre Haltung mit zunehmender Gesundheit des Darms normalisieren.

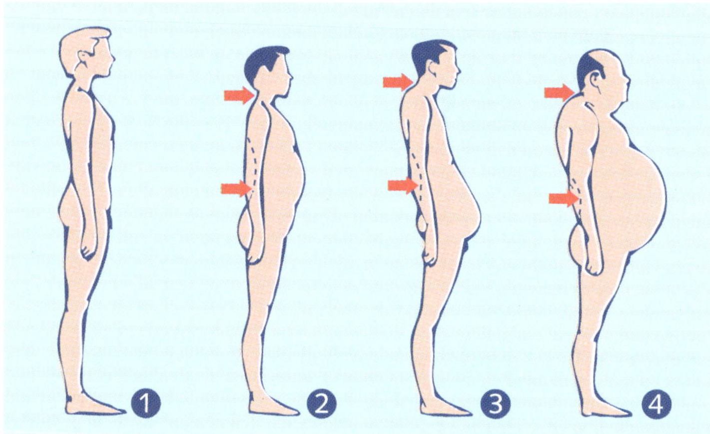

Haltungsschäden und veränderte Bauchformen als Folge von Verdauungsstörungen. 2, 3 und 4 sind bei Männern häufig. 1 ist die normale Haltung

2 Habtachthaltung

Man sieht diese Habtachthaltung vor allem bei muskulösen Männern. Der Magen-Darm-Trakt benötigt Platz, da er durch den chronischen Verdauungsschaden mit Gas gefüllt ist. Die starke Muskulatur im Bauchbereich drängt den gasgefüllten Bauch nach oben. Hierdurch wird die Lendenwirbelsäule gestreckt und der Brustkorb nach vorn gewölbt.

3 Sämannshaltung

Ein vergrößerter Darm braucht Platz im Bauchraum

Die Enteropathie (Erschlaffung und Verlängerung des Darms) hat einen schlaffen, mit Kot gefüllten Bauch zur Folge. Ähnlich dem mit Körnern gefüllten Tuch des Sämannes hängt dieser vorne über. Die zusätzliche Belastung zwingt den Oberkörper sich zurückzuneigen, so daß es oft zu einem Rundrücken und einer mäßigen Hohlkreuzbildung kommt.

4 Großtrommelträgerhaltung

Wie ein Musikant seine Trommel trägt dieser Typus seinen Bauch vor sich her. Gas und Kotansammlungen im enorm vergrößerten Verdauungsapparat führen zur Hochstellung des Brustkorbes. Als Folge »verschwindet« der Hals, und der Kopf steckt zwischen den Schultern. Als Ausgleich bildet die Brustwirbelsäule einen markanten Buckel. Ein starkes Hohlkreuz deformiert die Lendenwirbelsäule.

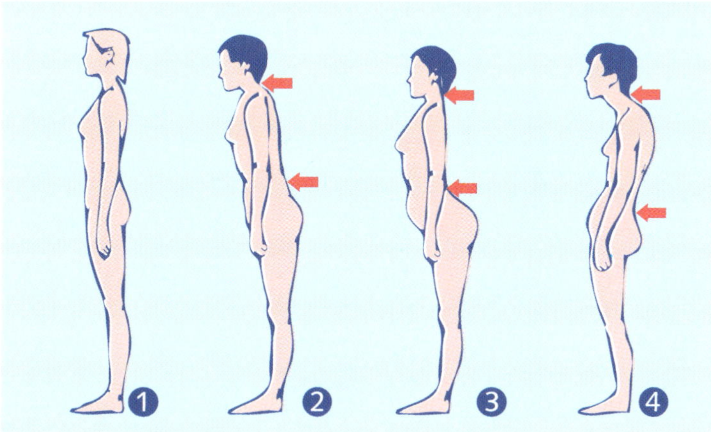

Haltungsschäden und veränderte Bauchformen als Folge von Verdauungsstörungen. 2, 3 und 4 sind bei Frauen häufig. 1 ist die normale Haltung

2 Anlaufhaltung

Der chronisch kranke, erschlaffte Darm benötigt mehr Platz in der Bauchhöhle als der normale, gesunde Darm. Bei muskelschwachen Menschen kommt es zur Durchstreckung der Lendenwirbelsäule und Vorneigung des Oberkörpers, um dem vergrößerten Bauchraum Platz zu machen.

3 Entenhaltung

Der erschlaffte, überfüllte Darm drückt auf die weiblichen Nachbarorgane Gebärmutter, Eierstöcke und Scheide. Zum Schutz dieser empfindlichen Partien neigt sich das Becken nach vorn, und die Brustwirbelsäule streckt sich durch. Der obere Bereich der Lendenwirbelsäule wird deformiert und der Brustkorb hochgestellt. Typischerweise wirkt dadurch der Hals verkürzt.

4 Lässige Haltung

Eine Silhouette wie ein Fragezeichen sieht man häufig bei Jugendlichen

Der charakteristische Rundrücken bei der Lässigen Haltung entsteht durch die Veränderung der Brust- und Halswirbelsäule. Auf diese Weise gleicht der Körper die Verlagerung des Schwerpunktes nach vorn aus, die der überfüllte, erschlaffte Darm verursacht. Die Silhouette dieser Haltung erinnert an ein Fragezeichen und wird häufig bei Kindern und Jugendlichen beobachtet.

> Tip
>
> **Stellen Sie sich vor den Spiegel**
>
> *Um sein eigenes Haltungsbild beurteilen zu können, muß man die Körpersilhouette von der Seite betrachten. Bei einem mehrtürigen Spiegelschrank geht das besonders gut. Wenn Sie sich seitlich zum Schrank stellen und eine Tür um etwa 45 Grad öffnen, sehen Sie Ihre Silhouette in der schrägen Tür, ohne daß Sie den Kopf verdrehen müssen.*

Schmerzen durch Fehlhaltungen werden oft isoliert behandelt

Die verschiedenen Haltungsschäden können sowohl bei Männern als auch bei Frauen auftreten. Zwischen den einzelnen Typen gibt es Übergangsformen und verschieden starke Ausprägungen.

Jede Fehlhaltung führt zu typischen Beschwerden. Schmerzen aufgrund von Fehlhaltungen werden aber oft isoliert gesehen und behandelt. Die Rheumaspritze nimmt kurzfristig den Schmerz, die Chirotherapie renkt die verschobenen Wirbel für ein paar Tage wieder ein. Dauerhafte Gesundheit bringt aber nur die Sanierung des Verdauungsapparates durch eine Schon- und Entschlackungskur. Dann bildet sich die Fehlhaltung zurück, und die Beschwerden verschwinden von selbst.

Beurteilen Sie Ihre Haut

An der Beschaffenheit Ihrer Haut erkennen Sie den Grad einer möglichen Gewebeverschlackung. In seiner frühen Schrift »Schönheit und Verdauung« beschrieb Dr. F. X. Mayr vier Hautstadien: die gesunde Haut und drei krankhafte Veränderungen, ausgelöst durch die chronische Selbstvergiftung aus dem Darm.

Eine gesunde Verdauung spiegelt sich wider in rosiger frischer Haut

Die vier Hautstadien nannte Dr. Mayr:

- gesunde Haut
- Quellungsstadium
- Erschlaffungsstadium
- Stadium des Hautschwundes (Atrophie).

Gesunde Haut wirkt frisch, schimmert rosig und fühlt sich samtig glatt an. Sie spannt sich meist faltenfrei und prall-elastisch über die Konturen des Körpers.

Hautveränderungen durch Verschlackung

Im Quellungsstadium haben sich bereits schädliche Stoffwechselendprodukte im Untergewebe eingelagert. Das Gesicht wird übermäßig rund, die Wangen zittern bei jedem Schritt. Das Quellungsstadium der Haut wird oft irrtümlich als besonders gesund angesehen. Vor allem bei Kindern neigen Erwachsene dazu, dieses Verschlackungszeichen als robust und wohlgenährt zu interpretieren.

Sich einlagernde Schlacken lassen das Gesicht rundlich erscheinen

Schreitet die Gewebeverschlackung fort, tritt die Haut in das Erschlaffungsstadium ein. Doppelkinn, Tränensäcke, Lidfalten, Hängebacken und Lachfalten sind die Zeichen von erschlaffter Haut im Gesicht. Am Körper bilden sich Hängebusen und -bauch, und das Becken wird unförmig. Die Schönheit des gesunden Körpers geht langsam verloren.

Die dritte Stufe der Gewebeverschlackung nannte Dr. F. X. Mayr das Stadium des Hautschwundes (Atrophie). Die Haut

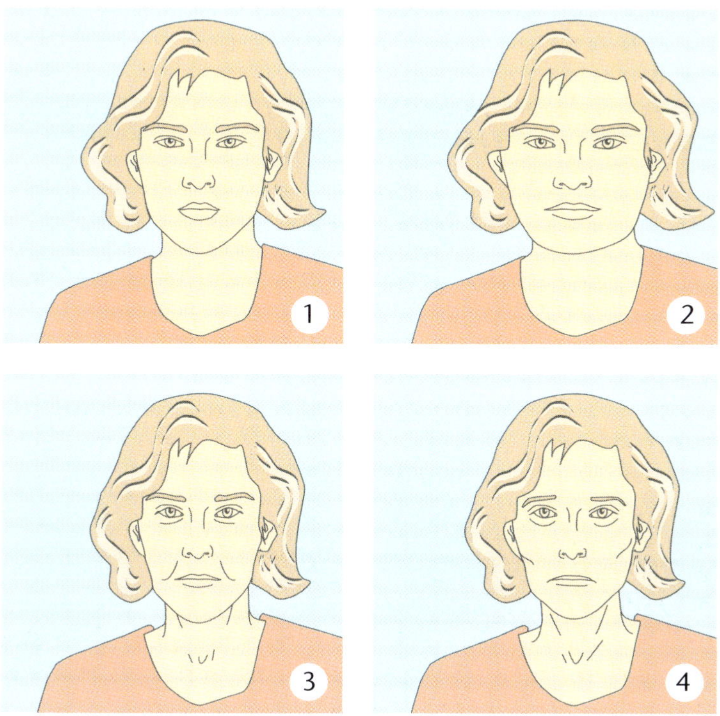

1 Gesunde Haut ist rosig und glatt. Beginnende Verschlackung spiegelt sich im Gesicht deutlich wider:
2 Quellungsstadium
3 Erschlaffungsstadium
4 Hautschwund (Atrophie)

ist ohne Substanz und fügt sich in jede Grube. Die Konturen des Gesichtes treten deutlich hervor, das Antlitz wirkt eckig. Fortschreitender Hautschwund führt zu Falten, Furchen und Runzeln, bis schließlich der Eindruck eines frühzeitig gealterten Menschen entsteht.
Nicht nur an der Oberhaut, auch an Fingernägeln und Haaren spiegelt sich die Verschlackung wider. Struppige oder leicht fettende Haare und brüchige, graue Fingernägel sind Zeichen der Gewebeverschlackung.

Die natürliche Schönheit wiederfinden

Übersehen Sie nicht die Zeichen, die Ihr Körper Ihnen gibt

Wenn Sie an Ihrer Haut die Zeichen von zunehmender Gewebeverschlackung feststellen, verstehen Sie dies als Aufforderung Ihres Körpers

- Ihren Verdauungsapparat durch eine Schon- und Entschlackungskur zu sanieren
- Ihren Speiseplan kritisch zu überdenken und Ihre Ernährungsweise im Sinne des Säure-Basen-Gleichgewichtes zu verändern.

Als Belohnung für Ihre Bereitschaft, sich gesund zu ernähren, erhalten Sie die natürliche Schönheit zurück, die ein gesunder Mensch auch im fortgeschrittenen Alter, austrahlt. Mit der Sanierung des Darms bilden sich die Hautschäden (außer den irreversiblen des Atrophie-Stadiums) zurück. Manche Patienten durchlaufen die einzelnen Stufen rückwärts, bis sie das gesunde Hautstadium wieder erreichen.

So beurteilen Sie Ihren Darm

Wenn Sie regelmäßig Ihren Stuhlgang beobachten, erfahren Sie viel über Ihre Gesundheit

Dieser Teil Ihrer Selbstdiagnose betrifft unmittelbar den Darm. Eine Möglichkeit, seine Funktion zu überprüfen, haben Sie bereits mit dem Test auf Seite 15 zur Dauer Ihrer Darmpassage kennengelernt.

Gesunder Stuhl und Stuhlgang

»Der Verbrauch von Toilettenpapier ist ein Indikator für den Zustand des Darms«, schrieb einst Dr. F. X. Mayr. Im Sinn der Darmpassage sind ein bis zwei Stuhlgänge am Tag gesund. Anders verhält es sich natürlich bei Durchfall (Diarrhoe) und Verstopfung (Obstipation). Diese zeigen immer eine Störung im Darm an. Ein gesunder Stuhl weist folgende Merkmale auf:

- wurstförmig, rund vier Zentimeter dick und bis zu 20 Zentimeter lang
- fest, wie gut durchgearbeiteter Brotteig
- schwer, gasfrei, geht im Wasser unter
- glatt, glänzend, von glasigem Schleim aus dem Dickdarm überzogen und deshalb fast geruchslos.

Eine gesunde Darmentleerung ist beinahe geruchslos

Eine gesunde Darmentleerung geht so vor sich:

- schnell, ohne Schmerzen
- nahezu ohne begleitende Blähungen
- der After wird kaum beschmutzt.

Weichen die Beschaffenheit Ihres Stuhls und die Häufigkeit des Toilettengangs ständig von der gesunden Form ab, liegt ein chronischer Verdauungsschaden vor. Sprechen Sie auf jeden Fall mit Ihrem Arzt über diese Beschwerden.

Krankheitszeichen aus dem Darm

Es gibt eine Reihe von Zeichen, die auf eine Erkrankung des Darms schließen lassen. Zu den harmloseren Symptomen zählen Schluckauf, Sodbrennen, Blähungen oder einmaliges Erbrechen. Meist werden sie von Nahrungs- und Genußmitteln ausgelöst, die der Verdauungsapparat nicht verträgt.

Gehen Sie bei wiederkehrenden Beschwerden unbedingt zum Arzt

Für alle diese Symptome gilt: Verschwinden sie nach kurzer Zeit wieder, sollten Sie sich Gedanken machen, wodurch sie ausgelöst wurden, und diese Speisen oder Getränke in Zukunft vermeiden. Treten die Symptome immer wieder auf, müssen Sie mit Ihrem Arzt darüber sprechen.

Entgiftung durch Durchfall

Bei akuten Infekten, wie Darmgrippe, wehrt sich der Organismus mit heftigen Durchfällen und schwemmt die fremden Bakterien und Viren aus dem Körper hinaus. Bei Kleinkindern und alten Menschen kann diese Schutzmaßnahme bedrohlich werden, wenn nicht für ausreichende Flüssigkeitszufuhr gesorgt wird. Deshalb: Bei Durchfall immer möglichst viel trinken – mindestens drei Liter am Tag –, am besten zusammen mit Elektrolyt-Pulver, das die notwendigen Mineralien enthält.

Kinder können noch nicht richtig beschreiben, was ihnen fehlt

Bauchschmerzen bei Kindern

Klagt Ihr Kind über starke Bauchschmerzen, müssen Sie es auf jeden Fall zum Arzt bringen. Kinder können ihre Empfindungen meist noch nicht richtig deuten und sagen, was ihnen fehlt.

- *Blinddarmentzündungen erkennen Sie daran, daß die Schmerzen nachlassen, wenn Ihr Kind liegt und die Beine zur Brust hin anzieht oder aufstellt.*
- *Erbricht ein Baby sofort jeden Schluck Nahrung und zeigt schmerzhafte Verkrampfungen, hat sich unter Umständen der Dünndarm »verknotet«. In diesem Fall kann die Nahrung den Darm nicht passieren. Dann könnte akute Lebensgefahr herrschen, deshalb besser den Notarzt rufen!*

Gründe, sofort einen Arzt aufzusuchen

Bestimmte Symptome verlangen nach sofortiger ärztlicher Hilfe, da mit ziemlicher Sicherheit eine schwere Störung im Verdauungssystem vorliegt:

- langanhaltendes, heftiges Erbrechen
- langanhaltender, häufiger Durchfall
- heftige, starke Schmerzen im Bauchraum.

Heftiges, explosionsartiges Erbrechen kann auf eine Vergiftung oder unter Umständen auf einen Darmverschluß hindeuten. Rufen Sie im Zweifelsfall den Notarzt.

Häufiger Durchfall über mehrere Stunden zeugt von einer Darminfektion mit Viren, Bakterien, Amöben, Pilzen oder anderen Kleinstlebewesen.

Nehmen Sie häufige Verdauungsprobleme sehr ernst

Starke Schmerzen im Bauch und Unterleib können sehr unterschiedliche Ursachen haben. Jedenfalls gilt für alle diese Symptome, daß eine ernste Erkrankung vorliegen kann und unter Umständen sogar Lebensgefahr droht!

Blut im Stuhl

Wenn Sie Blut in Ihrem Stuhl feststellen, müssen Sie umgehend mit Ihrem Arzt sprechen. Die Ursachen können auch hier sehr unterschiedlich sein.

- Hellrotes (arterielles) Blut deutet eher auf kleine Wunden im Afterbereich (Fissuren) oder auf Hämorrhoiden hin.

- Dunkelrotes fast schwarzes Blut stammt aus den höheren Dickdarmregionen und kann eine Entzündung der Darmschleimhaut, Polypen, Divertikel, gutartige Geschwüre oder eine Dickdarmgeschwulst bedeuten.
- Blut aus höheren Darmabschnitten ist oft nicht mehr mit bloßem Auge im Stuhlgang erkennbar. Dieses verborgene (okkulte) Blut kann man mit dem Hämokkult-Test aus der Apotheke nachweisen.

Ernsthafte Darmerkrankungen

Für viele ernstzunehmende Erkrankungen des Darms gibt es Symptome, auf die Sie unbedingt achten sollten. Zögern Sie nicht, einmal zuviel bei Ihrem Arzt um Rat zu fragen, als daß die notwendige Behandlung zu spät erfolgt.

Scheuen Sie sich nicht, mit Ihrem Arzt über Verdauungsprobleme zu sprechen

Entzündungen der Darmschleimhaut gehen mit breiig weichen Stühlen einher, da die Regulierung des Wasserhaushaltes im Dickdarm nicht richtig funktioniert. Oft findet sich auf dem Stuhl ein blutiges Schleimhäufchen, das den Darm zum Schluß verläßt. Eine besonders heftige Form einer Dickdarmentzündung ist die Colitis ulcerosa. Auch im Bereich des Dünndarms, oft bis in den Dickdarm hinein, können sich größere Areale entzünden. Diese Erkrankung nennt man Morbus Crohn.
Divertikel sind Ausstülpungen der Darmwand. Sie bilden sich als Folge häufiger Verstopfung, wenn der gestaute Nahrungsbrei großen Druck auf die Darmwand ausübt. Die Anlage zu Divertikeln wird häufig vererbt. Entzündet sich eine solche Ausstülpung durch eingeschlossene Kotreste, kommt es zu Schmerzen, Verstopfungen und Durchfällen.
Wer häufig wechselnde Stühle (eventuell begleitet von Blutungen) hat, muß ebenfalls zum Arzt. Bei solchen Symptomen könnte eine unbehandelte Entzündung der Divertikel (Divertikulitis) vorliegen. Im schlimmsten Fall kann das bis zum Darmdurchbruch führen.

Machen Sie in Abständen die Vorsorgeuntersuchung mit dem Hämokkult-Test

Polypen und Tumoren im Dickdarm können heute mittels Endoskopie-Technik gut erkannt und noch während des diagnostischen Eingriffs operiert werden. Dickdarmkrebs ist – rechtzeitig erkannt! – fast zu 100 Prozent heilbar. Lassen Sie im Zweifelsfall lieber eine Darmspiegelung mehr machen, um rechtzeitig Darmpolypen zu erkennen und entfernen zu lassen.

Ihr Kurfahrplan

Körper und Seele pflegen, gesund und vital werden und bleiben – mit einer Kur, bei der Sie entschlacken und den Darm rundum erneuern. Nach drei Wochen Schonung, Säuberung und Schulung sind Sie wieder fit für die Herausforderungen des Lebens. Denn Gesundheit, Schönheit, eine gute Figur und ein klarer Geist haben ihre Wurzeln in einem gesunden Darm. Mit der Ausscheidung der Gift- und Schlackenstoffe aus dem Körper regenerieren Sie Ihren Organismus von Grund auf. Die Sinne lernen wieder zu schmecken, gut und schädlich zu unterscheiden und die Nahrungsmenge richtig zu begrenzen. Nicht asketische Enthaltsamkeit, aber bewußter Verzicht – das kennzeichnet die neue F.-X.-Mayr-Kur. Sie zeigt Ihnen den Weg zu einer natürlichen und gesunden Ernährung.

Schlank und vital in drei Wochen

Sich innerlich vorbereiten

Bevor Sie sich zu einer Schon- und Entschlackungskur nach der Methode von Dr. F. X. Mayr entschließen, überprüfen Sie bitte, ob Ihre innere Einstellung und Ihre Erwartungshaltung auch dem entsprechen, was möglich ist.

Das Ziel kennen

Die neue F.-X.-Mayr-Kur ist ein hochwirksames, medizinisches Verfahren, aufbauend auf einfachen natürlichen Heilprinzipien. Ziel ist die grundlegende Genesung und Regeneration des menschlichen Verdauungsapparates. Sie brauchen während der dreiwöchigen Intensivphase nicht zu hungern, werden aber sehr wohl fasten. Das bedeutet, in dieser Zeit bewußt auf viele Ihrer Gewohnheiten zu verzichten.

Nicht hungern, sondern fasten

Die neue F.-X.-Mayr-Kur ist keine Wunderdiät, bei der Sie ohne Zutun zehn Kilogramm in der Woche verlieren, und Mayr-Ärzte sind auch keine Wunderheiler, sondern ausgebildete Mediziner. Der Kurerfolg tritt nur ein, wenn Sie sich an die Vorgaben Ihres Mayr-Arztes oder möglichst genau an die Empfehlungen dieses Buches halten.

Der Erfolg liegt in Ihrer Hand

Sie machen diese Kur ausschließlich für sich selbst, für Ihre eigene Gesundheit, Schönheit und Ihr persönliches Wohlbefinden. Niemand kann Ihnen dabei etwas abnehmen. Gesundheit kann man nicht kaufen, nicht in der Apotheke, nicht beim Arzt, auch nicht in einem Kurzentrum. Es ist ganz allein Ihr Verdienst, wenn Sie die neue F.-X.-Mayr-Kur erfolgreich abschließen und im Anschluß zu einer gesunden Ernährung und Lebensweise finden.

Der Kurerfolg hängt allein von Ihnen ab

Die Kur zu Hause

Sie können die neue F.-X.-Mayr-Kur ohne Einschränkungen auch zu Hause durchführen. Zusammen mit anderen, zum Beispiel in einem Kurzentrum, fällt das Fasten jedoch leichter. Außerdem bieten diese Zentren eine Fülle von unterstützenden Therapien, die den Kurerfolg noch steigern. Auch steht dort rund um die Uhr ein Mayr-Arzt als Ansprechpartner zu Ihrer Verfügung.

Machen Sie Ihre allererste Kur nicht ohne ärztliche Betreuung

Wenn Sie sich für die Kur zu Hause entscheiden, suchen Sie sich am besten einen Mayr-Arzt in Ihrer Nähe. Er wird mit Ihnen den Ablauf Ihrer Kur besprechen und auch ein Angebot für seine ärztlichen Leistungen stellen. Die Anschriften der ausgebildeten Mayr-Ärzte erhalten Sie bei der Internationalen Gesellschaft der Mayr-Ärzte, deren Adresse Sie im Anhang dieses Buches finden (→ Seite 156). Ein gutgemeinter Rat: Die erste Mayr-Kur Ihres Lebens sollten Sie nicht ohne ärztliche Betreuung durchführen.

Zusammen mit dem Partner fällt es leichter, eine Kur zu Hause zu machen

Zu zweit macht's mehr Spaß

Wie bei vielen Dingen des Lebens gilt auch bei der neuen F.-X.-Mayr-Kur: Zu zweit macht's einfach mehr Spaß! Wenn Sie sich gemeinsam mit Ihrem Partner für eine Kur entscheiden, können Sie gegenseitig die Fortschritte beobachten und zusammen die neue Lebensqualität genießen. Sie können einander unterstützen, wenn eine Kurkrise eintritt (→ Seite 80). Die gemeinsame Erfahrung des Heilprozesses bereichert auch die Beziehung. Oft führen ganze Familien die F.-X.-Mayr-Kur gemeinsam durch. Kinder sollten allerdings schon im Schulalter sein.

Gutgemeinte Ratschläge

Bei den Themen Abnehmen, Fasten, Diät und gesunde Ernährung sprechen alle gerne mit. Kaum jemand in Ihrem Verwandten- und Bekanntenkreis wird nicht eigene Erfahrungen dazu beitragen können, und gutgemeinte Ratschläge werden von vielen Seiten auf Sie zukommen. Lassen Sie sich nicht beeinflussen! Eine Abweichung von der vorgeschriebenen Diät kann nicht nur den Kurerfolg wesentlich beeinträchtigen, sondern auch ernsthaft Ihre Gesundheit gefährden. Ihr einziger Ansprechpartner sollte Ihr behandelnder Mayr-Arzt bleiben.

Verändern Sie die Fastenregeln nicht auf eigene Faust

Die drei Körpertypen

Man kann Menschen gemäß ihrer körperlichen Kondition in drei verschiedene Typen einteilen:

- vitaler Typ
- subvitaler Typ
- atropher Typ.

Die vitalen Typen verfügen über festes Bindegewebe, sind muskulös, bewegen sich gern und bezeichnen sich selbst als gesund. Sie können ohne unmittelbare Verdauungsprobleme fast alles essen.

Die subvitalen Typen sind häufig Menschen über 45 Jahre. Sie leiden bereits an allgemeinen Funktionsstörungen und körperlichen Verschleißerscheinungen. Dazu gehören erschlafftes Bindegewebe, Fettleibigkeit, Bluthochdruck, Rükkenschmerzen und Menstruationsstörungen. Sie müssen aufpassen, was sie zu sich nehmen, um keine Verdauungsprobleme zu bekommen.

Atrophe Menschen sind auffällig dünn, ihr Bindegewebe ist schwach, und sie verfügen über wenig Muskelsubstanz. Sie fühlen sich häufig müde und haben nur geringe Widerstandskraft gegen Infektionskrankheiten.

Vitale Menschen können eine Kur ohne Probleme auch alleine durchführen

Gehören Sie zum »vitalen Typ«?

Wenn es in Ihrer Nähe keinen Mayr-Arzt gibt, sollten Sie Ihr Vorhaben, die neue F.-X.-Mayr-Kur mit diesem Buch alleine durchzuführen, vorher mit Ihrem Hausarzt besprechen. Er kann beurteilen, ob Sie eine Kur zu Hause riskieren können. Sie sollten

- auf jeden Fall schon früher Kurerfahrungen gesammelt haben
- eine gute Kondition haben (»vitaler Typ«)
- sich genau an alle Vorgaben und Rezepte halten
- über frühere Erkrankungen Bescheid wissen.

Bedenken Sie bitte, daß die neue F.-X.-Mayr-Kur ein hochwirksames Heilverfahren ist. Ohne ärztliche Betreuung können Sie die Kur nur eingeschränkt durchführen, weil eine genaue Diagnose (→ Seite 42) und die fachmännische manuelle Bauchbehandlung (→ Seite 76) nur einem geschulten Mayr-Arzt vorbehalten bleiben.

Ärztliche Kurbegleitung für den subvitalen und atrophen Typ

Subvitale und atrophe Menschen bedürfen unbedingt einer ärztlichen Begleitung während der Kur. Je nach Grad Ihrer körperlichen Beeinträchtigung wird der Mayr-Arzt den Diätplan entsprechend auf Ihre Bedürfnisse hin abwandeln. In der neuen F.-X.-Mayr-Kur tendieren wir dazu, mit weniger strengem Fasten, dafür aber über längere Zeiträume die bestmögliche Regeneration zu erreichen.

Je nach Art Ihrer Beschwerden wird ein individueller Diätplan für Sie aufgestellt

Wenn Sie unter einer der nachfolgenden Erkrankungen leiden, kann die neue F.-X.-Mayr-Kur Ihnen grundlegend helfen: Bluthochdruck oder zu niedriger Blutdruck, Diabetes, Fettstoffwechselstörung, Gicht oder allgemeine Übersäuerung, erhöhte Blutviskosität, Allergien oder Eiweißunverträglichkeit, Kreislauf- oder Herzbeschwerden, Blutarmut, Eisenmangel, Leber- oder Bauchspeicheldrüsenentzündung, chronische Blinddarmreizung, Divertikulitis (entzündete Ausstülpungen des Darms), Verdauungsstörungen aller Art, wie Durchfall, Verstopfung oder wechselnde Stühle. Bei keiner dieser Beschwerden sollten Sie während der Kur auf ärztliche Betreuung verzichten.

Wenn Sie die Kur unterbrechen müssen

Die neue F.-X.-Mayr-Kur ist eine hochwirksame, medizinische Therapie. Ein plötzlicher Kurabbruch mit sofortiger normaler Ernährungsweise könnte die Gesundheit des Kurpatienten unter Umständen ernsthaft beeinträchtigen.

Eine begonnene Kur nicht plötzlich, sondern nur schrittweise abbrechen

Durch das Fasten und die Schonung beginnt sich schon bald in Magen und Darm eine zarte, gesunde Schleimhaut zu bilden, ähnlich der frischen Haut, die über einer Brandwunde wächst. Einer plötzlichen Belastung hält dieses junge Gewebe nicht stand. Deshalb sollten Sie die Kur nur langsam beenden.

Schrittweise aufhören

Sie dürfen eine begonnene Kur nicht einfach abbrechen, denn durch plötzliche Überlastung des Darms können Überreizungszustände mit Schmerzen und Blutungen der jungen Schleimhaut die Folge sein. Die Kur muß unbedingt schrittweise beendet werden, am besten mit einer milden Aufbaudiät (→ Rezepte zur Kurausleitung, Seite 110).

Körperliches Unwohlsein beachten

Falls Sie sich nicht wohl fühlen, sprechen Sie mit Ihrem Mayr-Arzt

Treten während der Kur ungewöhnliche Symptome auf, sollten Sie das ernst nehmen. Wenn Sie

- starke Bauchschmerzen oder Übelkeit verspüren
- Probleme mit dem Kreislauf haben
- das Bitterwasser nicht wie beschrieben wirkt
- oder andere Beschwerden auftreten,

müssen Sie Ihren Arzt aufsuchen. Teilen Sie ihm mit, daß Sie gerade eine Entschlackungskur nach F. X. Mayr durchführen.

Krankheit während der Kur

Es ist denkbar, daß Sie trotz der Kur eine Infektionskrankheit, wie Grippe, bekommen. Die Gefahr einer Ansteckung ist eigentlich gering, da während des Fastens und Entschlackens fremde Keime schneller aus dem Körper hinausgespült werden. Tritt der Fall trotzdem ein, brauchen Sie Ihr Verhalten nicht zu ändern. Fasten und Entschlackung sind der beste Weg, einer Infektion auf natürliche Weise entgegenzutreten.

Erkältungen und Grippe während der Kur sind selten

Problematisch wäre die Einnahme von Antibiotika während der Kur, da sie die Darmflora belasten. Nutzen Sie lieber bewährte Naturheilmittel, wie Halswickel, Hustentees oder Kneipp-Anwendungen (→ Seite 151). Wenn Sie unsicher sind, wie Sie sich verhalten sollen, sprechen Sie mit Ihrem Arzt.

Zeitplanung für Ihre Kur

Schließen Sie einige Tage vor Beginn Ihrer F.-X.-Mayr-Kur alle beruflichen Pflichten ab. Für die erste Woche der Kur empfehle ich Ihnen, Urlaub zu nehmen, damit Sie sich ganz der neuen Le-

bensweise widmen können. Am besten führen Sie die Kur mit Ihrem Partner gemeinsam durch. Freuen Sie sich auf eine Woche intensive Zeit zu zweit.
Die beste Zeiteinteilung für eine F.-X.-Mayr-Kur wäre:

- etwa eine Woche Kurvorbereitung
- drei Wochen für die eigentliche Kur
- mindestens eine Woche für die Kurausleitung.

Urlaub machen

Nach der ersten Woche hat sich der Organismus langsam an die reduzierte Ernährung gewöhnt. Dann fällt es leichter, den gewohnten Arbeitsrhythmus wieder aufzunehmen. Wenn Sie auch noch in der zweiten Kurwoche Urlaub haben, nützen Sie die Zeit für Dinge, die Sie schon lange vorhatten, wie einen Museumsbesuch, Konzert, Kino oder Theater. Machen Sie zu zweit einen kleinen Ausflug oder gönnen Sie sich einen »Verwöhntermin« bei Friseur und Maniküre. Vermeiden Sie nur zu lange Fahrten.

Genießen Sie die Fastenzeit und machen Sie sich einen angenehmen Urlaub zu Hause

Ihre Vitalität steigt

In der dritten Woche erreichen die meisten Menschen schon 120 Prozent der Vitalität, die sie bei Kurbeginn hatten. Einem frischen Start in ein erfolgreiches Berufsleben steht nun nichts mehr im Wege! Schonen Sie sich in den ersten Tagen und beachten Sie auch weiterhin alle Kurvorschriften. In der Woche der Kurausleitung wird der Verdauungsapparat nur behutsam belastet und dann die Umstellung auf normale Kost eingeleitet. In dieser Zeit sollten Sie sich noch nicht einer fremden Küche anvertrauen, also nicht im Lokal oder der Kantine essen.

Die Diät den Lebensumständen anpassen

Versuchen Sie während der neuen F.-X.-Mayr-Kur größere Anstrengungen zu vermeiden, vor allem in den ersten 14 Tagen. Wenn Sie in Ihrem Beruf körperlich schwer arbeiten, dürfen Sie die Mengenangaben bei den Rezepten nach Absprache mit Ihrem Arzt entsprechend erhöhen.

Die Kurvorbereitung

Rund eine Woche bevor Sie mit der neuen F.-X.-Mayr-Kur beginnen, lohnt es sich, Vorbereitungen für die kommende Zeit zu treffen. Dazu zählen verschiedene Besorgungen an Heilmitteln und Utensilien aus der Apotheke und eine erste Umstellung der Eßgewohnheiten. Versuchen Sie auch die richtige innere Einstellung zum Fasten zu finden.

Bewußt essen

Bewußte, gute Vorbereitung macht den Kureinstieg leichter

Immer wieder erlebe ich Patienten, die sich kurz vor Beginn der Kur noch einmal alles »gönnen« wollen, was die bürgerliche Küche an Nahrhaftem zu bieten hat. Diese Menschen leiden in den ersten Kurtagen besonders. Der völlig überlastete Magen produziert zunächst viel zu viel Säure, obwohl keine Nahrung mehr nachkommt. Und der gestaute Nahrungsbrei liegt wie der sprichwörtliche Stein im Magen.
Gehen Sie einen besseren Weg! Bereiten Sie Ihren Körper langsam vor und vermeiden Sie in der Woche vor Kurbeginn:

- alles Gebackene, Fritierte, in Fett Gebratene
- stark fetthaltige Speisen, wie Wurst und Schweinefleisch
- schwer verdaubare Kost, wie rohes Gemüse oder ein Übermaß an frischem Obst
- stark gesüßte Speisen, Schleckereien
- Alkohol und starken Bohnenkaffee.

Genußmittel sind für die nächste Zeit tabu

Versuchen Sie bereits in dieser Woche grundsätzlich weniger zu essen. Reduzieren Sie auch Vollkornprodukte wie Müsli. Wenn Sie sich an diese Vorgaben halten, wird Ihnen der Eintritt in die Fastenphase der F.-X.-Mayr-Kur nicht schwerfallen.

Tip

Verzichten fällt nicht leicht

Verabschieden Sie sich in dieser Vorbereitungswoche auch schon von allen anderen ungesunden Angewohnheiten, wie Rauchen, übermäßigem Kaffeekonsum, ständigen Schleckereien und Knabbereien oder stundenlangem Fernsehen. Dann geht's nächste Woche leichter!

Ein Wort zum Nikotin

Wenn Sie schon längst mit dem Rauchen aufhören wollten, wäre die neue F.-X.-Mayr-Kur ein guter Anlaß, diesen Entschluß in die Tat umzusetzen. Niemand kann die schädliche Wirkung des Nikotins und der Giftstoffe, die mit jedem Lungenzug eingeatmet werden, abstreiten. Auch eine Entgiftungs- und Entschlackungskur nach Mayr kann die zerstörerische Wirkung des blauen Dunstes nicht aufhalten. Sie kann nur helfen, die Giftstoffe schneller abzubauen. Dazu müssen Sie aber mit Kurbeginn das Rauchen aufgeben. Vielleicht schaffen Sie es ja, in der Vorbereitungswoche Ihre letzte Zigarette zu rauchen. Wenn Sie im Anschluß die neue F.-X.-Mayr-Kur durchführen, laufen Sie keine Gefahr, übermäßig zuzunehmen.

Wie wäre es, bei dieser Gelegenheit das Rauchen ganz aufzugeben?

Aus Apotheke und Reformhaus

Sie benötigen für die ersten Tage der F.-X.-Mayr-Kur nichts weiter als ein Päckchen Bittersalz, Kräutertee, Kursemmeln, Milch und die Substitute, die Ihr Mayr-Arzt verschrieben hat. 200 Gramm Bittersalz genügen für zirka 20 Tage. Sie bekommen es für wenig Geld in der Apotheke. Dort erhalten Sie auch Bullrich-Salz, Karlsbader Salz oder F.-X.-Mayr-Passagesalz, wenn Sie es benötigen (→ Seite 69). In der Apotheke gibt es ebenfalls die Grundausstattung an Substituten: das Basenpulver, Mineralstofftabletten und Bittersegen oder Schwedenbitter (→ Seite 38).

Kräutertee spült die Schlacken aus dem Körper und vertreibt den Hunger

Für die Teeküche

Das Thema Tee werde ich im Laufe der Kur noch öfter ansprechen. Zu Beginn kaufen Sie sich am besten einen Kräutertee (→ Kasten, Seite 66). Verboten sind Schwarzer Tee und vorerst Grüner Tee. Vermeiden Sie auch rote Teesorten, da diese häufig säuern. Achten Sie bei Kräuterteemischungen im Aufgußbeutel auf die Inhaltsstoffe. Lesen Sie auf der Verpackung, ob Aromastoffe oder Konservierungsmittel enthalten sind. Beides säuert den Tee und macht ihn für die Kur unbrauchbar.

Tip

Der passende Tee zu jeder Tageszeit

Zu jeder Tageszeit und jeder Befindlichkeit paßt ein Tee:

- *Probieren Sie morgens Brennessel zur Anregung der Nieren oder Lindenblüten zur Steigerung der Abwehrkräfte*
- *Mittags beruhigt Eisenkraut die Nerven, Schafgarbe besänftigt den Magen*
- *Abends hilft Fenchel bei Blähungen, Melisse entspannt.*

Kursemmel und Milch

Frische Landmilch ist am besten geeignet

Wenn Sie eine biologische Landwirtschaft in Ihrer Nähe wissen, können Sie sich dort Rohmilch besorgen. Diese enthält viele Keime, wie sie die Darmflora benötigt. Sie können aber auch Bergbauern-, Land- oder silofreie Frischmilch aus dem Supermarkt besorgen. Ein bis zwei Liter genügen für die ersten Tage. Nicht geeignet sind alle Arten von Haltbarmilch, Sahne und Rahm. Der Fettgehalt der Milch sollte immer zwischen zwei und vier Prozent liegen.

Erlaubte Alternativen für Milchmuffel sind Sauermilch oder Naturjoghurt, also ohne Früchte. Auch hier gilt: je natürlicher, desto wertvoller! Wer Milcheiweiß gar nicht verträgt, muß auf entsprechende Soja-Alternativen aus dem Reformhaus zurückgreifen.

Das Geheimnis der Semmel

Die Semmel dient in der Kur nach Dr. F. X. Mayr zur Kauschulung und zur richtigen Aufnahme der Milch. Deshalb muß sie genau festgelegte Eigenschaften haben:

So ist die Semmel richtig: etwa 2 Tage alt und schneidfest

- keinesfalls frisch, aber auch nicht alt und steinhart
- schneidfest, nicht bröselnd
- so elastisch, daß sie mit dem Daumen gerade noch eingedrückt werden kann.

Eine Semmel erhält diese Eigenschaften, wenn sie zwei bis drei Tage offen (nicht zugedeckt, keine Dose) in einem trockenen

Raum lagert. Sie müssen also immer etwas im voraus planen, um genügend Kursemmeln vorrätig zu haben.
In der neuen F.-X.-Mayr-Kur verwenden wir statt der Weizen- eine Dinkelsemmel, die ideale Eigenschaften in der Konsistenz aufweist. In Zellophanpapier gewickelt bleibt sie rund zehn Tage genießbar. Statt des sauren Weizenmehles wirkt sie im Organismus basisch. Unser Kurzentrum läßt diese Dinkelbrötchen eigens backen. Sie können im F.-X.-Mayr-Zentrum bestellt werden (→ Adressen, Seite 156).

Dinkelsemmeln wirken im Körper basisch

Andere Brotsorten, wie Schwarz-, Halbweiß-, Schrotkorn-, Vollkorn-, Laugen-, Mais-, normales Knäcke- oder Kartoffelbrot, eignen sich nicht. Auch Semmeln mit Mohnkörnern oder anderen Gewürzen sind ungünstig. Alle diese Brote beschäftigen die Verdauung zu stark und stören das Schonprinzip!

Abschiednehmen und aufbrechen

Fasten bedeutet nicht nur, die Nahrungszufuhr reduzieren, sondern auch loslassen, sich lösen, Gewohnheiten durchbrechen, Veränderungen zulassen. Bevor Sie die neue F.-X.-Mayr-Kur beginnen, gehen Sie mit sich in Klausur. Stellen Sie sich die Frage, was Sie in Ihrem Alltag wirklich verändern wollen.

Was bedeuten Ihnen Gewohnheiten?

Veränderung bedeutet zuerst Abschiednehmen von Vertrautem. Wir alle haben unser Leben mit vielen kleinen Gewohnheiten strukturiert. Manche davon waren zu ihrer Zeit richtig, sind dann Routine geworden und blockieren heute ein Fortkommen. Ich erinnere mich an eine Patientin, die jeden Abend vor dem Schlafen ein Glas Cognac trank. Der Abschied davon erschien ihr zuerst unmöglich. Ein paar Tage nach Kurbeginn fand sie zu einer ganz neuen Qualität von Schlaf, die mit Alkohol im Blut undenkbar gewesen wäre.

Fasten heißt auch loslassen können

Schädliche Gewohnheiten gibt es in jedem Alltag. Sie müssen nicht unbedingt mit Essen und Trinken zusammenhängen. Lassen Sie ihren Tagesablauf im Kopf Revue passieren. Verabschieden Sie sich innerlich von den Gewohnheiten, die Sie für die Kur und danach ändern wollen. Sie brauchen alldem nicht nachzutrauern, denn Ihr eigenes Wohlergehen ist das Ziel!

Die erste Woche

Ihr persönlicher Kurfahrplan

Sie erhalten Anweisungen und Tips für jeden Tag der Kur

Willkommen im Praxisteil dieses Buches! Die folgenden, am Rand blau gekennzeichneten Seiten geben Ihnen detaillierte Anweisungen, wie Sie die neue F.-X.-Mayr-Kur zu Hause durchführen können. Stimmen Sie bitte das Programm mit Ihrem Mayr-Arzt ab, oder, wenn Sie die Kur allein durchführen wollen, halten Sie sich genau an diesen Kurfahrplan.

Ein Begleiter für jeden Tag

Zu Beginn jeder Woche erhalten Sie einen Überblick darüber, was Sie erwartet. Jeder Kurtag wird dann auf mindestens einer Seite genau beschrieben. Tägliche kleine Checklisten helfen Ihnen, nichts zu übersehen und Ihre Fortschritte sichtbar zu machen. Von der dritten Woche an bieten wir Ihnen außerdem tägliche Kochrezepte für die Aufbaukost.

Ich wünsche Ihnen eine erfolgreiche, erfüllende Kur und verspreche, wenn Sie sich an diesen Kurfahrplan halten, werden Sie in drei Wochen mit fortschreitender Genesung Ihres Verdauungstraktes gesünder, schlanker und schöner sein als jetzt.

Das tägliche Programm

Gönnen Sie Ihrem Körper jetzt viel Ruhe und Erholung

Monotonie fördert das erste wichtige Heilprinzip, die Schonung. Viele Dinge werden sich jetzt für Sie jeden Tag wiederholen. Dadurch geben Sie Ihrem Verdauungsapparat Zeit und Muße zur Regeneration.

Erholsamer Schlafrhythmus

Halten Sie in den folgenden drei Wochen einen regelmäßigen Schlaf-Wach-Rhythmus ein. Während des Heilfastens benötigt der Organismus mehr Ruhe als sonst. Besonders der Schlaf vor Mitternacht entspannt den Körper, beruhigt das vegetative Nervensystem und leitet Regenerationsphasen ein. Idealerweise gehen Sie in diesen Wochen zwischen 21.00 und 21.30 Uhr zu Bett und stehen um 6.30 Uhr auf. Vermeiden Sie es, direkt vor dem Schlafengehen fernzusehen. Die Informationsdichte von Bild und Ton regt das vegetative Nervensystem an und erschwert das Einschlafen. Hören Sie statt dessen lieber klassische Musik oder Meditationsmusik.

Bitterwasser trinken

Jeden Morgen trinken Sie unmittelbar nach dem Aufstehen ein Glas Bitterwasser. Setzen Sie bereits am Vorabend einen leicht gehäuften Teelöffel Bittersalz (das entspricht etwa sieben Gramm) mit etwas Wasser an, damit es sich auflösen kann. Am Morgen füllen Sie das Glas mit lauwarmem Wasser auf einen Viertelliter auf und rühren kräftig um. Trinken Sie anschließend die gesamte Menge zügig und in großen Schlucken.

Mit ein paar Tropfen Zitrone schmeckt der morgendliche Bitterwassertrunk etwas besser

Das Bitterwasser beginnt meist schon 30 bis 60 Minuten nach der Einnahme zu wirken. Es durchrieselt innerhalb von sechs bis acht Stunden Ihren gesamten Verdauungstrakt und reinigt ihn. Manchmal, vor allem zu Beginn der Kur, kann die entleerende Wirkung recht heftig sein. Das normalisiert sich aber nach zwei bis drei Tagen.

▶ ***So wirkt das Bitterwasser:***

Mindestens ein gründlicher, flüssiger oder sehr weicher Stuhlgang muß auf das Bitterwasser erfolgen. Setzt diese Wirkung am ersten Tag nicht ein, trinken Sie am frühen Abend von

Tip

Bitterwasser verfeinern

Bitterwasser (Magnesiumsulfat) schmeckt um einiges besser – oder zumindest natürlicher –, wenn Sie einige Tropfen Zitronensaft oder etwas Orangensaft beimengen und es dann warm wie einen Tee trinken.

einem weiteren Glas Bitterwasser die Hälfte. Zeigt sich am folgenden Tag immer noch keine regelmäßige Darmentleerung, müssen Sie mit Ihrem Arzt sprechen.

Falls das Bitterwasser zu stark wirkt, trinken Sie weniger

Das Bitterwasser kann, vor allem bei älteren Menschen, sehr stark wirken. Wenn Sie öfter als fünfmal pro Tag Darmentleerungen haben, reduzieren Sie besser die Bitterwassermenge. Trinken Sie in diesem Fall morgens von der üblichen Menge nur die Hälfte. Wenn die Wirkung immer noch zu stark ist, müssen Sie das Bitterwasser absetzen und Ihren Arzt befragen. Er wird Ihnen Alternativen nennen und eventuell Mineralstoffsubstitute, wie Kalium und Magnesium, verschreiben.

Frühstück mit Milch und Semmel

Eine halbe Stunde nachdem das Bitterwasser seine Wirkung getan hat, können Sie frühstücken. Wenn Sie früher essen, würde ein Teil des Frühstücks mit ausgeschwemmt, ohne daß der Körper die Nährstoffe aufnehmen kann.

Nehmen Sie vor dem Essen zunächst das Basenpulver, 20 Tropfen Legalman und die Substitute, die Ihnen Ihr Arzt empfohlen hat (→ Seite 39/40). Eine Alternative wäre, das Basenmittel etwa ein bis zwei Stunden nach der Mahlzeit einzunehmen.

Eine Semmel und zwei Tassen Milch stillen den Hunger

In der ersten Woche besteht Ihr Frühstück aus einer trockenen Kursemmel und ein bis zwei Tassen Milch oder Sauermilch (eine Tasse entspricht einem Achtelliter). Als Variante können Sie die Frühstücksmilch auch mit ein bis zwei Löffeln löslichem Malzkaffee verrühren.

▶ *So wird's gemacht:*

Schneiden Sie die zwei Tage alte Semmel in dünne Scheiben. Wichtig ist nun das richtige Verzehren nach Dr. F. X. Mayr: Sie

Bewußtes Kauen ist das A & O

Mit diesem ersten Frühstück haben Sie jenen Teil der Kur nach Dr. F. X. Mayr kennengelernt, der als die »Milch-Semmel-Diät« bezeichnet wird. Diese Eßtechnik müssen Sie während der ganzen Kur – und auch darüber hinaus – beibehalten. Gewöhnen Sie sich das bewußte Kauen und Einspeicheln an, denn eine gesunde Verdauung beginnt bereits im Mund!

beißen ein kleines Stück von einer Scheibe ab und beginnen es gründlich zu zerkauen. Mindestens 30mal sollten Sie es mit den Zähnen mahlen und das Brot dabei gut einspeicheln. Ein Weizenmehlbrötchen beginnt dann leicht süßlich zu schmecken, eine Dinkelsemmel entfaltet ein angenehm rundes Aroma. Nun nehmen Sie zu dem Brotbrei ein, zwei Teelöffel Milch in den Mund (nicht trinken) und vermengen alles. Erst dann hinunterschlucken.

Hören Sie beim ersten Sättigungsgefühl auf zu essen

Auf diese Weise verzehren Sie langsam ein Brotstückchen nach dem anderen, bis Sie ein erstes Sättigungsgefühl verspüren. Von diesem Moment an hören Sie sofort zu essen auf! Die Menge an Brot und Milch, die Sie zu sich nehmen, ist zweitrangig. Wichtig ist, richtig zu kauen und aufzuhören, wenn der Hunger gestillt ist. Manchmal genügen dazu schon eine halbe Kursemmel und eine Tasse Milch.

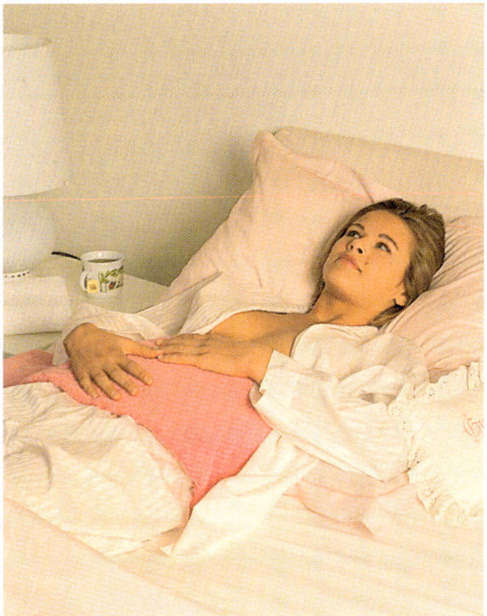

Ruhepause und Bauchwickel

Rund eine Stunde vor dem Mittagessen ist die richtige Zeit für eine Ruhepause. Am besten aktivieren Sie währenddessen mit einem heißen Bauchwickel die Verdauungsdrüsen. Dabei verbessert sich auch die Durchblutung im Bauchraum. Legen Sie sich dazu ins Bett oder in einen bequemen Liegestuhl und entspannen Sie sich bei ruhiger Musik.

▶ ***So wird's gemacht:***

Für einen feuchtheißen Bauchwickel benötigen Sie zwei Tücher und eine Wärmflasche: Das größere, etwa ein Badetuch, breiten Sie auf dem Bett aus. Das kleinere, ein Handtuch, tauchen Sie in etwa 60 °Celsius heißes Wasser. Die Temperatur des Wickels sollte so sein, daß sie als heiß, aber nicht als schmerzhaft empfunden wird (am Unterarm prüfen!). Füllen Sie die Wärmflasche mit heißem Wasser (60 °Celsius) und umwickeln Sie sie mit dem angefeuchteten Tuch. Legen Sie dieses Paket auf Ihren Unterbauch oder bei Bedarf in die Lebergegend (rechter

Der tägliche Bauchwickel vor dem Mittagessen entspannt und aktiviert gleichzeitig die Verdauungsdrüsen

Ein Bauchwickel dauert etwa eine halbe Stunde

Oberbauch). Schlagen Sie nun das trockene Tuch von hinten nach vorne um Ihren Bauch und um die Wärmflasche herum. Der Bauchwickel bleibt etwa 30 Minuten lang warm. Danach sollten Sie ihn entfernen und sich abtrocknen.

Genug trinken

Eine halbe Stunde vor und nach den Mahlzeiten sollten Sie am besten nichts trinken. Die Verdünnung der Verdauungssäfte reduziert sonst die Verwertung der Nährstoffe in Magen und Darm. Während des Essens ist es besser, jeden Bissen fester Nahrung ausschließlich durch den Speichel, nicht mit einem Schluck Wasser oder Tee zu Brei zu verflüssigen.
Außerhalb der Essenszeiten müssen Sie jedoch auf genügend Flüssigkeitszufuhr achten. Rund zwei bis zweieinhalb Liter sollte ein erwachsener Mensch normalerweise pro Tag zu sich nehmen. Am besten geeignet sind kohlensäurearme (stille) Mineral- oder Quellwässer und dünn gebrühte Kräutertees.

Gegen Abend schmeckt ein heißer Kräutertee mit Hopfen, Melisse und Passionsblume besonders gut

▶ ***So wird's gemacht:***
Während der Kur erhöht sich die Flüssigkeitsmenge, die Sie brauchen, auf mindestens drei bis dreieinhalb Liter pro Tag. Diese große Menge ist nötig, um die Ausschwemmung der Schlacken zu unterstützen. Wenn Sie viel trinken, verhindern Sie zudem das Auftreten von Hungergefühl. Helfen Sie sich bei der Einteilung, indem Sie schon am Morgen etwa drei Liter Wasser oder Tee in Gläser oder Fläschchen mit je einem Viertelliter abfüllen. So behalten Sie den Überblick, wieviel Sie noch zu sich nehmen sollten. Trinken Sie über den ganzen Tag verteilt diese kleinen Einheiten.

Während des Fastens sinkt die Körpertemperatur um einige Zehntel Grad ab, weil Sie weniger Energie aufnehmen. Wenn Sie zwischendurch anfangen zu frösteln, trinken Sie einfach einen schönen heißen Kräutertee!

Das Mittagessen

Das Mittagessen unterscheidet sich in den ersten Tagen der neuen F.-X.-Mayr-Kur nicht vom Frühstück: eine Semmel und ein bis zwei Tassen Milch. Natürlich müssen Sie auch hier auf das gründliche Kauen und Einspeicheln von Semmel und Milch achten (→ Seite 70)!
Nehmen Sie vorher wieder das Basenpulver, 20 Tropfen vom Legalman und die anderen Ihnen verordneten Substitute ein (→ Seite 38).

Auch mittags reichen eine Semmel und ein bis zwei Tassen Milch

Tip

Nach dem Essen sollst du tausend Schritte tun!
Die bekannte Volksweisheit hat recht: Magen und Darm müssen nach dem Essen arbeiten. Ein flotter Spaziergang an der frischen Luft regt die Verdauungsdrüsen an und ermöglicht eine Entschlackung über die Lunge, zum Beispiel das Abatmen von Kohlensäure.

Hunger darf es keinen geben

Die neue F.-X.-Mayr-Kur zählt zu den klassischen Fastenkuren. Fasten hat mit Hungern nichts zu tun, ganz im Gegenteil. Fasten ist freiwilliger, bewußter Verzicht. Hunger hingegen ist ein Warnsignal des Organismus, daß er nicht mehr genügend Energie zur Verfügung hat.
Wer hungert, fastet falsch, denn wenn Sie Kursemmel und Milch richtig verzehren, nämlich langsam und mit Bedacht, und laufend Kräutertees oder Wasser trinken, werden Sie keinen Hunger verspüren.

Wer fastet, braucht nicht zu hungern

Extramahlzeit erlaubt

Wer noch nie gefastet hat, dem fällt der Verzicht auf den Nachmittagskaffee oder das Abendessen unter Umständen schwer. Bevor Sie sich quälen, dürfen Sie auch zwischendurch etwas von der Kursemmel essen. Sie müssen diese Extramahlzeit genauso gründlich kauen und einspeicheln wie Frühstück und Mittagessen. Nach ein bis drei Scheiben verschwindet das Hungergefühl bestimmt!

Tip

Gewichtsänderung inbegriffen

Das Fasten nach F. X. Mayr dient primär der Schonung des Darms. Als »Nebeneffekt« nehmen übergewichtige Patienten sehr schnell ab. Wenn Sie schon länger mit Übergewicht kämpfen, kennen Sie wahrscheinlich den »Jojo-Effekt«: Sie nehmen schnell ab und genauso schnell wieder zu. Wenn Sie die neue F.-X.-Mayr-Kur erfolgreich absolvieren, werden Sie aufgrund Ihrer veränderten Lebensweise Ihr reduziertes Gewicht diesmal auch halten. Die sanierte Verdauung und die bewußte Eßkultur nach Dr. F. X. Mayr helfen Ihnen hierbei.

Der Abend-Tee

Ein unbelasteter Magen garantiert erholsamen Schlaf

Statt eines Abendessens genießen Sie um 18.00 Uhr zwei bis drei Tassen Kräutertee. Um diese Zeit eignen sich blähungshemmende Sorten wie Anis, Fenchel und Kümmel oder beruhigende Kräuter wie Johanniskraut, Kamille und Melisse.
Den Abendtee können Sie mit einem Teelöffel hochwertigem Bienenhonig und/oder frischgepreßtem Zitronen- oder Orangensaft verfeinern. Nehmen Sie diesen Tee löffelweise, wie eine Suppe, zu sich. Versuchen Sie mit jedem kleinen Schluck, das Aroma des Tees, des Honigs oder der Zitrone bewußt herauszuschmecken.
Beenden Sie jeden Tag der neuen F.-X.-Mayr-Kur gegen 21.00 Uhr und gehen Sie mit einem unbelasteten Magen schlafen.

Atemübungen und Bauchmassage

Aktivieren Sie täglich Ihre Verdauungsorgane

Die folgenden drei Übungen dienen der Massage des Darms. Durch ihre Anwendung vermindern sich Blut- und Lymphstauungen, und die Funktion der Drüsen wird angeregt. Die Peristaltik des Darms (zusammenziehende und entspannende Bewegung) normalisiert sich, und der Tonus (die Spannkraft) der Verdauungsorgane verbessert sich.
Wenn Sie die Kur zu Hause durchführen, machen Sie die folgenden Übungen zweimal täglich hintereinander.

Richtig atmen mit dem Bauch

Die physiologisch richtige Atmung erfolgt durch Heben und Senken des Zwerchfells. Bei der Einatmung dehnt sich der gesamte Bauchraum, weshalb wir von Bauchatmung sprechen. Bei der Ausatmung entspannt sich der Bauch wieder. Mit jedem Atemzug übt das Zwerchfell beim Einatmen Druck auf den Darm aus, fördert seine Tätigkeit und unterstützt den Blut- und Lymphkreislauf.

▶ ***So wird's gemacht:***
Bei dieser Übung atmen Sie ganz bewußt mit dem Bauch. Legen Sie sich dafür auf den Rücken und falten Sie die Hände über dem Unterbauch. Atmen Sie tief durch die Nase ein, so daß sich Ihre Hände deutlich heben. Halten Sie die Luft kurz an, bevor sie langsam und bis zum letzten Rest durch den Mund ausatmen. Die Übung fällt leichter, wenn Sie unter die Knie eine Rolle oder ein Polster legen, dann ist die Bauchdecke entspannt.
Atmen Sie 10- bis 15mal langsam ein und aus. Machen Sie zwischen den Atemzügen kleine Pausen, bis Sie wieder das Bedürfnis verspüren, Luft zu holen. Damit vermeiden Sie leichte Schwindelgefühle durch zu schnelles Atmen.

Legen Sie die Hände unterhalb des Nabels auf den Bauch. Durch leichten »Nachdruck« beim Ausatmen aktivieren Sie Ihren Dünndarm

Atemübung für den Dünndarm

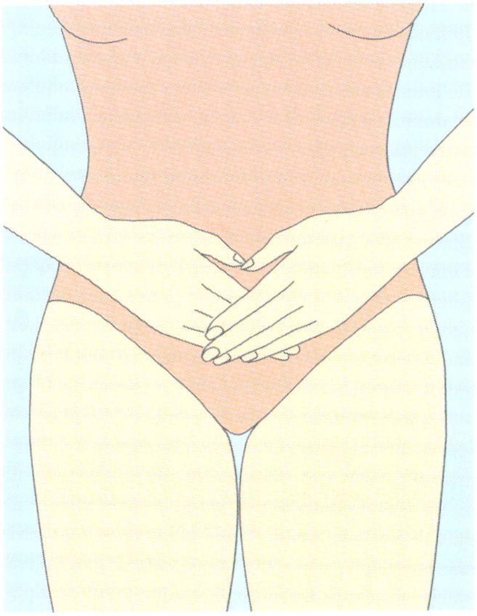

Diese Atemübung hilft dem Dünndarm, aus seiner erschlafften Position heraus in eine gesunde Lage zurückzukehren. Sie verbessert die Durchblutung im gesamten Bauchbereich und fördert dadurch die Entschlackung. Sie können diese Übung unmittelbar an die oben beschriebenen Bauchatemzüge anschließen.

▶ ***So wird's gemacht:***
Legen Sie sich wieder auf den Rücken, die Beine leicht aufgestellt oder durch eine Unterlage (Rolle, Polster) unter den Knien angehoben, so daß die Bauchdecke

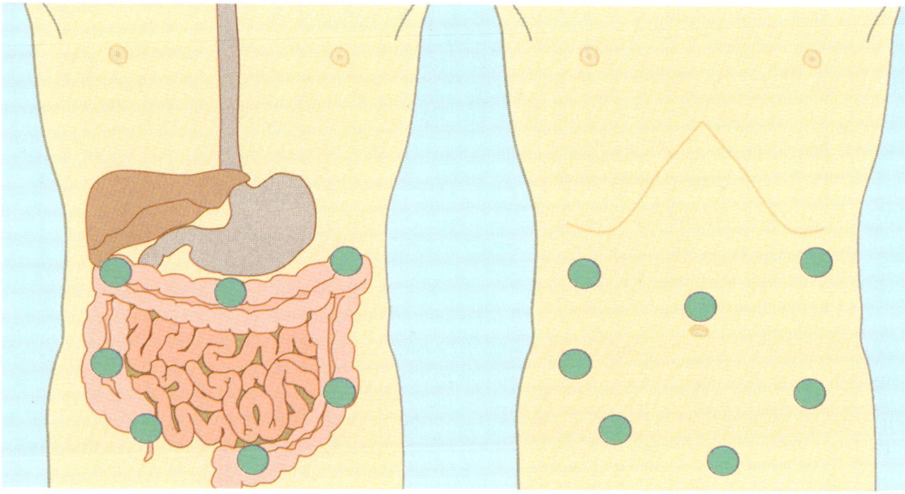

So lösen Sie Verspannungen im Dickdarm: Beginnen Sie die Bauchselbstmassage rechts unten und massieren Sie die sieben wichtigen Punkte im Uhrzeigersinn

entspannt ist. Umfassen Sie mit den Händen unterhalb des Nabels Ihren Bauch. Die Finger der linken und rechten Hand sollen sich ein Stück überlappen.

Atmen Sie nun halbtief ein, das heißt ohne besondere Anstrengung. Ihre Hände heben sich dabei nach oben. Atmen Sie nun tief die gesamte Luft der Lungen aus. Verfolgen Sie bewußt die Rückwärtsbewegung Ihrer Hände. Am Endpunkt, wenn die Bauchdecke sich völlig gesenkt hat, drücken Sie nun mit beiden Händen weiter in die gleiche Richtung nach. Sie schieben damit das Dünndarmpaket zur oberen Lendenwirbelsäule hin. Ihre Hände sollten dabei deutlichen, aber keinesfalls schmerzhaften Druck ausüben.

Lassen Sie den Druck etwa fünf Sekunden bestehen, bevor Sie wieder einatmen. Wiederholen Sie diese Übung bis zu zehnmal. Dann gönnen Sie sich eine Ruhepause.

Die Bauchselbstmassage

Machen Sie die Bauchmassage im Liegen

Bei der Bauchselbstmassage der neuen F.-X.-Mayr-Kur behandeln Sie sieben Massagepunkte, kreisförmig um den Nabel herum. Verwenden Sie zum Massieren die rechte, als Linkshänder die linke Hand. Legen Sie zunächst die eine Hand flach auf den Bauch und warten Sie ein paar Sekunden. Versuchen

Sie die Berührung zwischen Hand und Bauchdecke und die Wärme der Kontaktfläche bewußt wahrzunehmen.

▶ ***So massieren Sie richtig:***

In der nebenstehenden Grafik sehen Sie die Lage der einzelnen Massagepunkte. Beginnen Sie nun mit dem Punkt in der rechten unteren Ecke über dem Blinddarm und wandern Sie dann von einem Punkt zum nächsten im Uhrzeigersinn.

Die sieben Massagepunkte beschreiben einen großen Kreis um den Nabel

- Legen Sie Ihre Hand mit dem Daumen und dem Handballen auf den ersten Punkt. Beschreiben Sie nun unter sanftem Druck auf dieser Stelle fünf kleine Kreise. Dann wandern Sie zum nächsten Punkt nach oben (→ Bild) und massieren ihn ebenso. Ein großer Kreis um den gesamten Bauch besteht also aus sieben mal fünf kleinen Kreisen. Zählen Sie das erste Mal still mit, Sie bekommen schnell das richtige Gefühl für diese einfache, aber wirkungsvolle Bewegung.
- Versuchen Sie zu spüren, ob Ihre Hand auf härteren Widerstand oder ganz weiches Gewebe trifft. Auf härteren Stellen können Sie länger verbleiben und den sanften Druck während des Kreisens ein wenig verstärken. Auf keinen Fall dürfen Sie auf diese Stellen pressen oder groben Druck ausüben. Die darunterliegenden gestauten Gewebe und Gefäße würden sich noch stärker verkrampfen, anstatt ihre Verspannung zu lösen.
- Die Bauchselbstmassage sollte sich immer angenehm und anregend, nie schmerzhaft anfühlen. Gurgelt und blubbert es in Ihrem Inneren, so sind dies positive Zeichen, daß sich Stauungen auflösen! Führen Sie für eine Bauchmassage insgesamt fünf bis zehn große Kreise aus.

Die Massage soll angenehm und nie schmerzhaft sein

Tip

Ihr Massageplan zum Wohlfühlen

Die besten Zeiten für die Bauchübungen sind morgens vor dem Aufstehen, mittags vor dem Bauchwickel und abends vor dem Schlafengehen, jedenfalls immer mit leerem Magen. Ein komplettes Verwöhnprogramm für Ihren Darm beginnt mit 15 Bauchatemzügen, gefolgt von 10 Atemübungen für den Dünndarm. Nach einer Minute Pause führen Sie rund 10 Minuten die Bauchmassage durch. Nach einer weiteren kurzen Pause schließen Sie mit 10 Atemübungen ab. Diesen Zyklus können Sie täglich zwei- bis dreimal wiederholen.

Checkliste **1. Tag**

Morgens:
- ▢ Bitterwasser 1/4 l

Sie wiegen ..... kg
- ▢ Basenpulver
- ▢ Legalman
- ▢ ....
- ▢ ....

Mittags:
- ▢ heißer Bauchwickel
- ▢ Basenpulver
- ▢ Legalman
- ▢ ....
- ▢ ....

Abends:
- ▢ Basenpulver
- ▢ Legalman
- ▢ ....
- ▢ ....

Zu Anfang der Kur sollten Sie sich viel Ruhe gönnen, bis der Körper sich an den neuen Rhythmus gewöhnt hat

Der erste Tag

Guten Morgen! Beginnen Sie den ersten Tag Ihrer neuen F.-X.-Mayr-Kur, indem Sie sich das Bitterwasser zubereiten und zügig austrinken (→ Seite 69). Wenn Sie wollen, legen Sie sich noch mal ins Bett und führen Atemübungen und Bauchmassage durch (→ Seite 76). Massieren Sie sich sanft und achtsam, denn in den letzten Jahren haben Sie Ihren Darm ziemlich belastet und ausgenutzt, und diese Zeit hat Spuren hinterlassen. Die nächsten 21 Tage steht er dafür im Mittelpunkt Ihres Bemühens.

Ihr Körper ist die Hauptperson

Nach 30 bis 60 Minuten spüren Sie meist den Druck des Bitterwassers und den Drang des Enddarms, sich zu entleeren. Viel Flüssigkeit mit gelösten Schlackenstoffen und Kotresten verläßt den Darm. Wiegen Sie sich immer nach dem morgendlichen Toilettengang und tragen Sie Ihr Gewicht links oben in Ihre tägliche Checkliste ein. Bevor Sie frühstücken, nehmen Sie das Basenpulver und Ihre Substitute ein (→ Seite 38). Haken Sie in der Checkliste ab, was Sie eingenommen haben: Auf den punktierten Linien können Sie die speziell für Sie verordneten Substitute eintragen. Konzentrieren Sie sich nun ganz auf Milch und Semmel zum Frühstück. Genießen Sie sie langsam nach Dr. F. X. Mayr, wie es auf Seite 70 beschrieben ist.

Machen Sie alles in Ruhe

Verbringen Sie den Vormittag gemütlich mit Lesen oder einem Spaziergang. Vergessen Sie nicht, den Tag über regelmäßig zu trinken: Rund eineinhalb Liter Wasser oder Kräutertee stehen am Vormittag auf dem Programm. Eine Stunde vor dem Mittagessen folgt eine Entspannungspause mit heißem Bauchwickel (→ Seite 71). Mittags nehmen Sie Ihre Substitute vor der zweiten Milch-und-Semmel-Mahlzeit ein. Während des ganzen Nachmittags hält Trinken den Hunger fern. Bei einem übermäßigen Bedürfnis nach Nahrung dürfen Sie eine zusätzliche Scheibe von der Kursemmel essen (gründlich kauen!). Vergessen Sie vor dem Abendtee die Substitute nicht. Gehen Sie früh schlafen, am besten zwischen 21.00 und 21.30 Uhr.

Der zweite Tag

Wahrscheinlich sind Sie heute schon frischer aufgestanden als gestern. Das hängt mit dem Verzicht auf das Abendessen zusammen, denn der Schlaf mit leerem Magen ist erholsamer.

Der regelmäßige Tagesablauf

Ihr Tagesablauf deckt sich mit dem des ersten Tages und wird auch in den nächsten Tagen so bleiben. Das heißt: Atemübungen und Bauchmassage, Bitterwasser trinken, wiegen nach der Toilette, Frühstück mit Milch und Semmel, vormittags viel trinken, Ruhepause und Bauchwickel, Mittagessen mit Milch und Semmel, nachmittags viel trinken, Abendtee mit einem Löffel Honig und früh schlafen gehen.

Das Basenpulver und Ihre anderen Substitute nehmen Sie dreimal täglich, jeweils vor dem Essen oder dem Abendtee oder nach besonderer Verordnung Ihres Mayr-Arztes ein.

Dieser Tagesablauf gilt im großen und ganzen bis zum 21. Tag Ihrer neuen F.-X.-Mayr-Kur. Deshalb werden ab jetzt nur noch die Änderungen dieses Grundschemas beschrieben.

Suchen Sie Ablenkung

Wenn Sie zuviel ans Essen denken, beschäftigen Sie sich mit einem Spaziergang, einem Buch oder Rätsellösen. Einem religiösen Menschen hilft ein Kirchenbesuch oder ruhige Besinnung auf den Ursprung des Fastens. Entspannungstechniken wie Yoga und Autogenes Training sind sehr gute Ergänzungen zum Fastenalltag. Sollte der Hunger übermächtig werden, dürfen Sie auch eine Scheibe der Kursemmel kauen!

Tip

Bleiben Sie tapfer

Viele Patienten erleben den zweiten und dritten Fastentag als die schwerste Zeit. Das liegt daran, daß die Gewohnheiten noch nicht abgelegt sind und der Körper nach Zucker, Fett und Koffein verlangt. Bleiben Sie in dieser Phase stark! Am vierten Tag lassen die Wünsche nach, und der Organismus stellt seine Tätigkeit auf die Ausleitung der Gifte um.

Checkliste **2. Tag**

Morgens:
- □ *Bitterwasser 1/4 l*

Sie wiegen ..... kg
- □ *Basenpulver*
- □ *Legalman*
- □ ....
- □ ....

Mittags:
- □ *heißer Bauchwickel*
- □ *Basenpulver*
- □ *Legalman*
- □ ....
- □ ....

Abends:
- □ *Basenpulver*
- □ *Legalman*
- □ ....
- □ ....

Entspannungsübungen helfen, die Gedanken ans Essen zu vertreiben

Checkliste **3. Tag**

Morgens:
- ☐ *Bitterwasser ¼ l*

Sie wiegen ..... kg
- ☐ *Basenpulver*
- ☐ *Legalman*
- ☐ ....
- ☐ ....

Mittags:
- ☐ *heißer Bauchwickel*
- ☐ *Basenpulver*
- ☐ *Legalman*
- ☐ ....
- ☐ ....

Abends:
- ☐ *Basenpulver*
- ☐ *Legalman*
- ☐ ....
- ☐ ....

Der dritte Tag

Falls Sie die Kur mit Übergewicht begonnen haben, bemerken Sie heute sicher eine deutliche Veränderung auf der Waage. In den ersten beiden Kurwochen werden Sie viel Gewicht verlieren – bis zu zehn Kilogramm. Verbringen Sie den dritten Tag mit dem gleichen Tagesablauf wie die beiden Vortage.

Die Giftausleitung

Am dritten Tag hat Ihr Organismus die veränderte Ernährung akzeptiert. Er stellt von der äußeren auf die innere Ernährung um. Das bedeutet, daß der Körper nicht nur Depotfett abbaut, sondern auch Gifte und Stoffwechselendprodukte (Schlacken), die sich im Gewebe angesammelt haben, ausscheidet.
Diese Ausleitung kann begleitet sein von:

- darm- und afterreizenden Stühlen
- dunklem Urin und leichten Schmerzen beim Wasserlassen
- üblem Körpergeruch, Schweißausbrüchen
- belegter Zunge und unangenehmem Mundgeruch
- besonders starken oder ganz ausbleibenden Regelblutungen.

Die Symptome können innerhalb der nächsten 14 Tage unterschiedlich stark auftreten. Seien Sie deshalb nicht beunruhigt: All diese Begleiterscheinungen sind keine Krankheitszeichen, sondern Signale der Reinigung!

Eine Kurkrise ist möglich

Nach den ersten Fastentagen können leichte Beschwerden auftreten

Während des Fastens verlassen die zirkulierenden Gifte über Darm, Nieren, Lunge oder Haut den Körper. Manchmal führt dieser Prozeß zu leichten Selbstvergiftungserscheinungen – wir sprechen dann von einer »Kurkrise«. Die Auswirkungen können Kopf- und Gliederschmerzen, Benommenheit, Übelkeit, Schwindelgefühl, Müdigkeit, Schwäche, Flimmern vor den Augen oder Nervosität sein. Die Krisen kommen meist plötzlich, klingen aber erfahrungsgemäß im Laufe der nächsten Stunden von selbst ab. Unterstützen Sie Ihren Körper bei der Ausleitung der Schlacken durch viel Trinken! Nehmen Sie keine Medikamente ein. Bei anhaltenden Beschwerden sprechen Sie aber bitte umgehend mit Ihrem Arzt!

Der vierte Tag

Spätestens heute sollte sich die volle ausleitende Wirkung des Bitterwassers, wie sie auf Seite 69 beschrieben ist, einstellen. Andernfalls sprechen Sie bitte mit Ihrem Mayr-Arzt oder Ihrem Hausarzt. Zum Frühstück und am Vormittag bleibt Ihr Programm, wie in den letzten drei Tagen, gleich. Zu Mittag essen Sie ab heute zusätzlich löffelweise einen Teller Basenbrühe. Diese dürfen Sie ab jetzt auch jederzeit zwischendurch in kleinen Mengen und abends vor dem Tee genießen. Die Basenbrühe ist eines der wichtigsten Grundnahrungsmittel der gesunden Küche und wird im Laufe der Kur auch zur Zubereitung vieler anderer Speisen eingesetzt (→ Seite 96).

Checkliste **4. Tag**

Morgens:

- □ *Bitterwasser 1/4 l*
- *Sie wiegen ..... kg*
- □ *Basenpulver*
- □ *Legalman*
- □ ....
- □ ....

Mittags:

- □ *heißer Bauchwickel*
- □ *Basenpulver*
- □ *Legalman*
- □ ....
- □ ....

Abends:

- □ *Basenpulver*
- □ *Legalman*
- □ ....
- □ ....

Die Zubereitung der Basenbrühe

▶ ***Was Sie brauchen:***

Für 3 l Suppe: rund 3 kg buntes Gemüse, zum Beispiel Kartoffeln, Möhren, Zucchini, Fenchel- und Sellerieknollen, Staudensellerie, Brokkoli, weißer Spargel und anderes Gemüse der Saison • (nicht verwenden: alle Kohlsorten, Wirsing, Kohlrabi und Spinat) • dazu Petersilie, 1 Lorbeerblatt, 2 Muskatblüten, 2 Pimentkörner, 3 Pfefferkörner, 3 Wacholderbeeren, eine Handvoll gemischte grüne Kräuter (wie Kerbel, Thymian, Basilikum, Dill, junge Brennessel) • 1 TL Vitam-Gemüse-Hefe-Paste (Reformhaus)

▶ ***So wird's gemacht:***

Das Gemüse waschen, in zirka 1 cm große Würfel schneiden. Gemeinsam mit den Gewürzen in einen Kochtopf mit 3 l kaltem Wasser geben. Einmal kurz aufkochen und dann zirka 90 Minuten bei mittlerer Hitze ziehen lassen. Nach 60 Minuten 1 TL Vitam-Gemüse-Hefe-Paste zufügen und abschmecken. Das Gemüse mit einem feinen Sieb oder durch ein Leinentuch abseihen.

Die Basenbrühe ist klar, ohne Einlagen. Sie enthält viele wertvolle Mineralien, Vitamine und Spurenelemente, jedoch keine Energieträger (0 kcal). Sie läßt sich gut in Portionen einfrieren oder ist im Kühlschrank etwa eine Woche haltbar.

5. Tag

Checkliste

Morgens:
- ☐ Bitterwasser 1/4 l
- Sie wiegen ..... kg
- ☐ Basenpulver
- ☐ Legalman
- ☐ ....
- ☐ ....

Mittags:
- ☐ heißer Bauchwickel
- ☐ Basenpulver
- ☐ Legalman
- ☐ ....
- ☐ ....

Abends:
- ☐ Basenpulver
- ☐ Legalman
- ☐ ....
- ☐ ....

Der fünfte Tag

Die meisten Menschen fühlen sich vom fünften Fastentag an sehr wohl. Dieses auch als Fasteneuphorie bezeichnete Hochgefühl rührt daher, daß viele Gifte bereits abgebaut wurden. Außerdem werden jetzt kaum noch Energien für Verdauungsprozesse benötigt.

Aktuelle Forschungen haben gezeigt, daß Fasten positiv auf die Produktion des körpereigenen Hormons Melatonin wirkt. Dies ist eine biochemische Bestätigung von jahrtausendealtem Heilwissen: Regelmäßiges Fasten hält jung!

Gerade wegen dieser ersten positiven Zeichen wäre es falsch, die Kur jetzt abzubrechen. Sie fühlen sich ausgezeichnet und glauben, den wichtigsten Teil der Kur schon geschafft zu haben. Aber der Heilungsprozeß des Darms hat erst begonnen, und der Anspruch der Mayr-Kur auf umfassende Regeneration des Organismus ist gerade erst zu fünf Prozent erfüllt. Nutzen Sie deshalb Ihre jetzt frei werdenden Energien für ein vernünftiges Bewegungsprogramm und machen Sie weiter!

Saunagänge unterstützen das Entschlacken und die Ausleitung der Giftstoffe

Bewegung, Schwimmen und Sauna

Während Ihrer Kur müssen Sie davon ausgehen, daß Sie bei sportlicher Betätigung schneller ermüden als sonst. Vermeiden Sie daher zu große Anstrengungen. Wer gerne joggt, sollte nun lieber schnell gehen, der Radfahrer einen Gang zurückschalten, der Mannschaftssportler auf Spieleinsätze verzichten.

Besonders empfehlenswert sind Schwimmen und Sauna, da beides die Giftausleitung fördert. Schwimmen Sie jedoch nicht länger als zehn Minuten, da Ihr Körper während des Fastens im Wasser rascher auskühlt. Nehmen Sie sich in einer Thermoskanne heißen Kräutertee zum Aufwärmen mit.

Schonung bestimmt auch den Saunabesuch. Wenn Sie die Möglichkeit dazu haben, besuchen Sie eine Sauna, die einen längeren Aufenthalt (bis 30 Minuten) bei mittleren Temperaturen von 65 bis 70 °C vorsieht. Seien Sie zurückhaltend bei der normalen Sauna (Aufguß bei 100 °C) und im Dampfbad. Machen Sie lieber mehrere kurze Saunagänge, um den Kreislauf nicht zu stark zu belasten.

Der sechste Tag

Mit dem sechsten Tag schließen Sie die Einförmigkeit der Milch, Semmeln und Basenbrühen ab. Vielleicht würde es Ihnen nicht schwerfallen, weiterhin auf andere Nahrungsmittel zu verzichten. Wir haben aber beobachtet, daß der Organismus bei zu wenig Eiweißzufuhr oft stark auf Sparflamme umschaltet. Dadurch gerät der Abbau von Gewebedepots und somit auch die Entschlackung ins Stocken. Deshalb beginnt die neue F.-X.-Mayr-Kur bereits am sechsten Tag mit der Gabe von Eiweißzulagen. Übergewicht wird so schneller abgebaut.

Neu: 60 Gramm Eiweißzulage am Tag

Ab heute essen Sie zum Frühstück und zu Mittag zusätzlich je 30 Gramm eiweißhaltige Lebensmittel. Entscheiden Sie sich für eine der folgenden Speisen, denn im Sinn der Monotonie sollten Sie die Eiweißart vorerst nicht wechseln. Zur Wahl stehen Milcheiweiß oder Pflanzeneiweiß:

- Kräuterquark (10 Prozent Fett)
- Weichkäse (maximal 25 Prozent Fett)
- Mozzarella
- Tofu-Käse.

Achten Sie darauf, nur hochwertige Lebensmittel zu kaufen. Ungeeignet sind fettreduzierte Hartkäsesorten, die zahlreiche Ersatz- und Konservierungsstoffe enthalten.

Einen frischen Kräuterquark können Sie sich einfach selbst zubereiten, indem Sie Schnittlauch, feingehackte Petersilie, etwas Meersalz und geriebenen Muskat unter handelsüblichen Speisequark mischen. Sie können auch frisch geriebenen Meerrettich beigeben. Seien Sie aber mit scharfen Gewürzen sparsam.

Die neue Eßkultur nicht vernachlässigen

Vergessen Sie auch jetzt nicht die richtige Eßkultur nach Dr. F. X. Mayr! Auch die Eiweißzulagen müssen gründlich gekaut und eingespeichelt werden. Als Hilfe dient Ihnen die Kursemmel, die zu allen Mahlzeiten dazugehört.

6. Tag

Checkliste

Morgens:
- ☐ *Bitterwasser 1/4 l*

Sie wiegen ..... kg
- ☐ *Basenpulver*
- ☐ *Legalman*
- ☐ ....
- ☐ ....

Mittags:
- ☐ *heißer Bauchwickel*
- ☐ *Basenpulver*
- ☐ *Legalman*
- ☐ ....
- ☐ ....

Abends:
- ☐ *Basenpulver*
- ☐ *Legalman*
- ☐ ....
- ☐ ....

Ab heute wird der Speiseplan wieder abwechslungsreicher

Checkliste **7. Tag**

Morgens:
- ***Bitterwasser 1/4 l***
- ***Sie wiegen . . . . . kg***
- ***Basenpulver***
- ***Legalman***
- ***. . . . .***
- ***. . . . .***

Mittags:
- ***heißer Bauchwickel***
- ***Basenpulver***
- ***Legalman***
- ***. . . . .***
- ***. . . . .***

Abends:
- ***Basenpulver***
- ***Legalman***
- ***. . . . .***
- ***. . . . .***

Der siebte Tag

Gegenüber dem sechsten Tag gibt es in der Ernährung keine Änderung: Milch, Semmeln, Basenbrühe und Eiweißzulage. Ihr Organismus sollte sich bereits so weit an den neuen Ernährungs- und Lebensrhythmus gewöhnt haben, daß Sie Ihre Arbeit ohne Probleme wieder aufnehmen könnten. Halten Sie sich auch an Ihrem Arbeitsplatz an die Kurvorschriften, und trinken Sie mindestens drei Liter Wasser oder Tee über den Tag verteilt. Beschließen Sie die erste Woche Ihrer neuen F.-X.-Mayr-Kur mit dem guten Gefühl, viel für Ihre Gesundheit und Ihr Wohlbefinden getan zu haben.

Den Geschmackssinn trainieren

Haben Sie bereits die Erfahrung gemacht, daß Ihre Geschmacksnerven feinfühliger geworden sind? Die erste Woche der neuen F.-X.-Mayr-Kur mit Monotonie und Verzicht in der Ernährung genügt meistens, um die Sinne wieder zu schärfen. Wer die Milch lange genug im Mund behält, schmeckt Pflanzen und Kräuter heraus, die der Kuh als Nahrung dienten. Sind Sie bereits in der Lage, so feine Geschmacksunterschiede zu erkennen?

Echte Alpenmilch entfaltet ein ganz intensives Aroma

Versuchen Sie alle Speisen, die Sie zu sich nehmen, genau zu schmecken. Die Zusammensetzung der Basenbrühe bietet unendliche Variationsmöglichkeiten und ebenso viele Aromen. Auch im Käse und im Quark erkennt der geschulte Gaumen die ätherischen Öle von Pflanzen wieder.

Tip

Freuen Sie sich auf echten Genuß

Wenn Sie in den nächsten 14 Tagen ihren Geschmacks- und Geruchssinn weiter trainieren, sind Sie nach der Kur in der Lage, wertvolle Nahrungsmittel von schädlichen verläßlich zu unterscheiden. Viele Dinge, auf die Sie vorher nicht gern verzichten wollten, werden Ihnen anschließend ungenießbar erscheinen. Freuen Sie sich dafür auf echte Genüsse: Sie werden ganz neue Qualitäten in alltäglichen Speisen und Getränken entdecken!

Die zweite Woche

Das erwartet Sie

Der Tagesablauf bleibt gleich, nur die Speisen ändern sich ein wenig

In der zweiten Woche setzen Sie die Kur im bereits erlernten Rhythmus fort. Neue Eiweißzulagen erweitern vom neunten Tag an Ihren Speiseplan. Außerdem steigt die Eiweißmenge, die Sie zu sich nehmen dürfen.

In bezug auf Ihr tägliches Bitterwasser und die Substitute gibt es keine Änderungen. Auch Ihr Selbstmassageprogramm sollten Sie, wie gehabt, zwei- bis dreimal täglich durchführen.

»Gesunde« Heilungsschmerzen

Leichte Beschwerden sind Zeichen der Genesung

Die Giftausscheidung erreicht in der zweiten Woche einen weiteren Höhepunkt. Manche Patienten klagen um den zehnten Kurtag herum über Krisen, die sich in Leib- und Kopfschmerzen ausdrücken (→ Seite 80). Abhängig vom Grad der Verschlackung machen sich diese »Heilungsschmerzen« unterschiedlich stark bemerkbar. Gegen Kurkrisen hilft besonders viel Trinken und das Wissen, daß es sich um einen gesunden Schmerz handelt, der nach ein paar Stunden vergeht.

Neben Möglichkeiten, die Giftausleitung zu unterstützen, finden Sie an den folgenden Kurtagen viele Tips und Anwendungen aus der Naturheilkunde.

Warum es zu Kurkrisen kommt

Dr. F. X. Mayr führte Kurkrisen und Heilungsschmerzen auf chronische Schäden der Organe zurück. Wenn ein gesundes Organ durch Gifte aus dem funktionsgestörten Darm geschädigt wird, treten Schmerzen auf. Er nannte es das »Erregungsstadium«. Dauert die Schädigung an, tritt ein Lähmungsstadium ein. Während der Heilung verläuft derselbe Prozeß rückwärts: Das geschädigte Organ tritt in das »Erregungsstadium« zurück, Heilungsschmerzen treten auf, bevor es wieder ganz gesundet.

Der achte Tag

Steigern Sie ab heute die Menge der Eiweißzulagen auf jeweils 50 Gramm Käse, Quark oder Tofu zum Frühstück und zum Mittagessen. Am Abend dürfen Sie jetzt auch etwas essen, und zwar eine halbe bis eine Kursemmel zum Tee. Denken Sie beim Essen daran: Jeden Bissen gründlich kauen und einspeicheln!

Der Einlauf – bewährt zur Entgiftung

Ein bewährtes Mittel zur schnellen Entsorgung von Gift- und Schlackenstoffen aus dem Dickdarm sind Einläufe. Sie können zu Hause ohne großen Aufwand als Ergänzung zur F.-X.-Mayr-Kur durchgeführt werden. Sinnvoll sind sie ganz allgemein zur Unterstützung der Ausleitung und besonders als schnelle Entgiftungsmaßnahme bei einer Kurkrise. Sie können sie regelmäßig etwa alle drei Tage oder bei Bedarf einsetzen.

▶ ***Was Sie brauchen:***
Besorgen Sie sich in der Apotheke einen Darmschlauch mit einem speziellen Behälter, Kamillentinktur, Speisenatron und Vaseline. Sie sollten etwa eine Stunde ungestörte Zeit zur Verfügung haben.

▶ ***So wird's gemacht:***
Füllen Sie den Behälter mit ungefähr einem Liter körperwarmem Wasser. Geben Sie einen Teelöffel Natron und einige Tropfen Kamillentinktur hinzu. Das Gefäß muß einen halben Meter höher plaziert sein, als Sie selbst liegen, also etwa auf einer Kommode. Lassen Sie ein wenig Wasser aus dem Schlauch ab, damit die Luft daraus entweicht. Fetten Sie die Spitze mit Vaseline ein und legen Sie sich auf die rechte Seite. Führen Sie die Spitze vorsichtig in den After ein, bis Sie einen leichten Widerstand spüren. Öffnen Sie nun den Hahn des Darmschlauches, so daß die Flüssigkeit langsam in Ihren Darm rinnt. Atmen Sie dabei entspannt durch. Nachdem alles eingelaufen ist, schließen Sie den Hahn und ziehen den Schlauch vorsichtig heraus. Bleiben Sie rund zehn Minuten liegen und drehen Sie sich dabei immer wieder um. So verteilt sich das Wasser im gesamten Dickdarm. Nach dem Toilettengang gönnen Sie sich eine halbe Stunde Ruhe.

Checkliste **8. Tag**

Morgens:
- ☐ *Bitterwasser* $^1/_4$ *l*
- *Sie wiegen ..... kg*
- ☐ *Basenpulver*
- ☐ *Legalman*
- ☐ ....
- ☐ ....

Mittags:
- ☐ *heißer Bauchwickel*
- ☐ *Basenpulver*
- ☐ *Legalman*
- ☐ ....
- ☐ ....

Abends:
- ☐ *Basenpulver*
- ☐ *Legalman*
- ☐ ....
- ☐ ....

Legen Sie vor dem Einlauf alle notwendigen Utensilien bereit und sorgen Sie dafür, daß Sie ungestört sind

Checkliste **9. Tag**

Morgens:
- □ *Bitterwasser 1/4 l*
- *Sie wiegen ..... kg*
- □ *Basenpulver*
- □ *Legalman*
- □ ....
- □ ....

Mittags:
- □ *heißer Bauchwickel*
- □ *Basenpulver*
- □ *Legalman*
- □ ....
- □ ....

Abends:
- □ *Basenpulver*
- □ *Legalman*
- □ ....
- □ ....

Der neunte Tag

Heute wird Ihr Speiseplan um neue eiweißhaltige Nahrungsmittel erweitert. Sie dürfen ab jetzt frei unter den Eiweißzulagen wählen und zu jeder Mahlzeit eine andere Speise zu sich nehmen. Mischen Sie jedoch bei einer Mahlzeit nicht zwei Eiweißzulagen, um Ihren Darm nicht zu überlasten. Zur Wahl stehen pro Mahlzeit 50 Gramm:

- frischer Schaf- oder Ziegenkäse
- frischer Quark aus Schaf- oder Ziegenmilch
- Mozzarella
- Kalbsschinken
- Rindersaftschinken
- Putenschinken
- geräucherte Forelle.

Alle Lebensmittel sollten nur von erstklassiger Qualität sein. Schaf- und Ziegenprodukte führen meist Biobauern. Bei ausgesuchten Metzgereien erhalten Sie pökelsalzfreien Rindersaft und Kalbsschinken. Achten Sie bei Putenschinken darauf, daß keine Konservierungsmittel enthalten sind. Dasselbe gilt für die Forelle, die zudem nicht tischfertig gewürzt sein sollte. Würzen Sie lieber selber mit frischen Kräutern (Rosmarin, Basilikum) und wenig Meersalz.

Guten Appetit mit Knäckebrot

Gutes Knäckebrot vom Bäcker wird nur aus Korn und Gewürzen gemacht

Statt der Kursemmel dürfen Sie nun wahlweise auch zwei bis drei Scheiben Knäckebrot essen. Passen Sie jedoch beim Einkauf auf! Viele Knäckebrotsorten im Supermarkt enthalten Zucker und chemische Säuerungsmittel. Die industrielle Produktion verwendet diese Stoffe, um Haltbarkeit zu erreichen und den denaturierten Produkten Geschmack zu verleihen. Ein echtes Bäckerknäckebrot kommt mit natürlichem Korn und Gewürzen aus. Bei solchem Brot bestätigt sich die Regel: Je länger man kaut, desto besser schmeckt's! Ein Brot mit Zucker dagegen verliert bereits nach wenigen Kaubewegungen das Aroma. Über das F.-X.-Mayr-Zentrum können Sie eigens produziertes Bäckerknäcke bestellen (→ Seite 156).

Der zehnte Tag

Sie haben nun bereits die Hälfte Ihrer neuen F.-X.-Mayr-Kur bewältigt. Wenn Sie übergewichtig waren, zeigt Ihnen die Waage täglich den offensichtlichen Kurerfolg. Auch bei den meisten normalgewichtigen Menschen sind die Zeichen der Gesundheit deutlich zu sehen. Vergleichen Sie Ihre Körperhaltung zu Beginn der Kur mit der heutigen (→ Seite 48/49). Ihre Fehlhaltung hat sich sicher schon gebessert. Auch an Teint und Haut erkennen Sie die Fortschritte der Entgiftung.

Massagen entschlacken das Gewebe

Während einer Mayr-Kur wirken Massagen sehr heilsam. Durch die drückende, schwingende, knetende, reibende und ziehende Krafteinwirkung des Masseurs lösen sich die abgelagerten Gifte und Schlacken in Haut und Bindegewebe. Der Organismus ist während der Kur auf deren Ausscheidung eingestellt und sorgt für eine umgehende Ausleitung. Sie erkennen die Entgiftung an den etwas unangenehmen Ausdünstungen während der Massage und am dunklen, manchmal sogar trüben Harn kurz danach.

In einem Kurzentrum gehören Massagen zum täglichen Programm. Suchen Sie sich in Ihrer Nähe einen Masseur und gönnen Sie sich während Ihrer Kur zu Hause drei bis sechs Ganzkörpermassagen. Ein guter Masseur weiß, welche der vielen Massagearten während einer Entschlackungskur hilfreich ist. Die ersten Behandlungen lösen in der einen oder der anderen Körperregion noch Schmerzen aus. Gegen Ende der Kur erleben Sie die Massagen weit angenehmer.

Die Bauchmassage zeigt Wirkung

Durch die fachmännische manuelle Bauchbehandlung bei Ihrem Mayr-Arzt kennen Sie das Gefühl, wie sich Bauch und Inneres entkrampfen. Auch die Bauchselbstmassage und die Atemübungen zeigen nach zehn Tagen ihre Wirkung, denn die Spannkraft (der Tonus) des Darms und die Aktivität der Verdauungsdrüsen sind gestiegen. Machen Sie weiter!

Checkliste

Morgens:

- ☐ *Bitterwasser $^{1}/_{4}$ l*
- *Sie wiegen ..... kg*
- ☐ *Basenpulver*
- ☐ *Legalman*
- ☐ ....
- ☐ ....

Mittags:

- ☐ *heißer Bauchwickel*
- ☐ *Basenpulver*
- ☐ *Legalman*
- ☐ ....
- ☐ ....

Abends:

- ☐ *Basenpulver*
- ☐ *Legalman*
- ☐ ....
- ☐ ....

Gönnen Sie sich einige Ganzkörpermassagen zur Entschlackung

Checkliste **11. Tag**

Morgens:
- ☐ *Bitterwasser 1/4 l*

Sie wiegen ..... kg
- ☐ *Basenpulver*
- ☐ *Legalman*
- ☐ ....
- ☐ ....

Mittags:
- ☐ *heißer Bauchwickel*
- ☐ *Basenpulver*
- ☐ *Legalman*
- ☐ ....
- ☐ ....

Abends:
- ☐ *Basenpulver*
- ☐ *Legalman*
- ☐ ....
- ☐ ....

Der elfte Tag

Vom elften Tag an dürfen Sie zum Frühstück oder am frühen Nachmittag auch eine Tasse Grünen Tee trinken. Grüner Tee wirkt belebend und anregend, enthält aber in geringeren Mengen Koffein als Schwarzer Tee. Im Verdauungsprozeß verhält er sich neutral bis leicht basisch. Deshalb wird er besser vertragen als der Gerbstoffe enthaltende Schwarze Tee.

Zubereitung von Grünem Tee

Grünen Tee gibt es in Teeläden und vielen Lebensmittelgeschäften. Kaufen Sie ihn »natur«, also ohne zugesetzte Aromastoffe, wie Feigen-, Mandarinen- oder Mangogeschmack. Diese säuern den Organismus und zerstören den natürlichen, feinen Geschmack.

Für die Zubereitung des Grünen Tees gibt es zwei Methoden:

- Bei der europäischen Variante wird ein Teelöffel (ein Teebeutel) pro Tasse mit siedendem Wasser aufgegossen und nach vier bis fünf Minuten abgegossen. Das Getränk schmeckt herb und gehaltvoll.
- In Japan schätzt man eine schonendere Zubereitung: Kochen Sie Wasser auf und lassen Sie es bis zirka 60 °Celsius abkühlen. Gießen Sie pro Liter drei Teelöffel (oder zwei Beutel) Grünen Tee in einer Kanne auf. Bereits nach drei Minuten wird durch ein Sieb ein feinherbes, frisches Teegetränk ausgeschenkt.

Grüner Tee enthält viele Mineralstoffe, wirkt anregend und verdauungsfördernd

Genießen Sie die belebende Wirkung des Grünen Tees nach vielen Tagen ohne jedes Genußmittel. Sensibilität für anregende Stoffe ist eine Voraussetzung für einen gesunden und maßvollen Umgang damit. Das Gegenteil zeigt sich in ausuferndem Kaffee-, Nikotin- und Alkoholkonsum, wie er in Mitteleuropa häufig ist. Die neue F.-X.-Mayr-Kur hilft Ihnen, wieder das richtige Gespür für den Unterschied zwischen Genuß und beginnender Sucht zu entwickeln.

Der zwölfte Tag

Wer möchte, darf vom zwölften Tag an nun auch abends 30 bis 50 Gramm von einer der Eiweißzulagen essen (→ Seite 88). Diese Menge sollte für die Zeit nach der Kur als Richtwert für ein bescheidenes, gesundes Abendessen gelten. Die regelmäßige Eiweißzufuhr bereitet den Organismus auf seine Verdauungsaufgaben vor.

Bäder zur Ausleitung und Entspannung

Ein entspannendes Vollbad am Vormittag oder am Abend unterstützt den Körper bei der Ausscheidung von Giften. Baden Sie während der Kur nicht zu heiß, um den Kreislauf nicht zu sehr anzustrengen. Die Wassertemperatur sollte zwischen 36 und 38 °Celsius liegen. Mit Kräuterextrakten und ätherischen Ölen im Badewasser können Sie gezielt einzelne Körperpartien oder Organe in ihrer Funktion unterstützen:

- Kamille fördert die Durchblutung und hilft bei Rheuma, außerdem wirkt sie desinfizierend und heilt wunde Hautstellen, so auch Entzündungen im Analbereich
- Schlüsselblumen fördern die Entgiftung über die Haut
- Kiefernnadeln vertiefen die Atmung
- Fichtennadeln regen an
- Baldrian beruhigt die Nerven, wirkt gegen Blähungen und Unterleibsbeschwerden
- Lavendel stärkt den Kreislauf und bringt erholsamen Schlaf
- Johanniskraut beruhigt und hilft bei Kopfschmerzen und Menstruationsbeschwerden
- Melisse wirkt ebenfalls beruhigend und beugt Streß vor.

Fragen Sie in der Apotheke oder im Reformhaus nach entsprechenden fertigen Badezusätzen.

Bei Schwindelgefühlen in der Wanne

Wenn Sie sich in der Wanne unwohl und schwindelig fühlen, stehen Sie langsam, aber sofort auf. Brausen Sie Arme und Beine mit kühlem bis kaltem Wasser ab. Legen Sie sich dann ins Bett und lagern Sie die Beine höher als das Herz, um den Kreislauf zu entlasten.

Checkliste **12. Tag**

Morgens:
- ☐ *Bitterwasser 1/4 l*

Sie wiegen ..... kg
- ☐ *Basenpulver*
- ☐ *Legalman*
- ☐ ....
- ☐ ....

Mittags:
- ☐ *heißer Bauchwickel*
- ☐ *Basenpulver*
- ☐ *Legalman*
- ☐ ....
- ☐ ....

Abends:
- ☐ *Basenpulver*
- ☐ *Legalman*
- ☐ ....
- ☐ ....

Die entspannende Wirkung eines Vollbads wird durch Heilkräuterzusätze noch unterstützt

Checkliste **13. Tag**

Morgens:
- ☐ *Bitterwasser 1/4 l*
- *Sie wiegen ..... kg*
- ☐ *Basenpulver*
- ☐ *Legalman*
- ☐ ....
- ☐ ....

Mittags:
- ☐ *heißer Bauchwickel*
- ☐ *Basenpulver*
- ☐ *Legalman*
- ☐ ....
- ☐ ....

Abends:
- ☐ *Basenpulver*
- ☐ *Legalman*
- ☐ ....
- ☐ ....

Der 13. Tag

Heute gilt noch der gleiche Speiseplan wie am zwölften Tag: Milch-Semmel-Diät, Eiweißzulagen, Basenbrühe und Grüner Tee.

Die gesunde Verdauung

Beobachten Sie jeden Morgen Ihren Stuhl. Bedingt durch die Wirkung des Bitterwassers haben Sie nach wie vor flüssige oder weich-breiige Darmentleerungen. Allmählich sollte Ihr Stuhl aber immer gleich aussehen. Je nachdem ob Sie vor allem Weißmehlsemmeln, Dinkelsemmeln oder Knäckebrot essen, variiert seine Farbe von hell- bis mittelbraun. Er sollte leicht säuerlich und nahezu geruchsfrei sein, ähnlich dem eines gesunden Säuglings, und nicht an der Toilettenmuschel haften.
Wenn Ihr Stuhl über eine Woche eine homogene weiche Konsistenz und die oben genannten Eigenschaften aufweist, ist dies ein gutes Zeichen. Ihr Darm ist nun weitgehend von Kotresten befreit. Die Bitterwassertherapie dürfen Sie trotzdem nicht abbrechen. Sie fördert die Ausschwemmung der Schlakken, die Blut und Lymphe transportieren. Häufig tritt noch in der dritten Kurwoche eine Welle von Gift- und Stoffwechselendprodukten aus.

Kann Bitterwasser schaden?

Bitterwasser fördert die Erneuerung der natürlichen Darmflora

Ist der längere Konsum von Bitterwasser schädlich? Wird durch das Bitterwasser die Darmflora zerstört? Dies sind häufig auftretende Fragen und Befürchtungen von Kurpatienten. Aber seien Sie beruhigt: Wissenschaftliche Untersuchungen haben bewiesen, daß sich die Darmflora in den ersten Tagen der neuen F.-X.-Mayr-Kur etwas verdünnt. Kurz darauf regenerieren sich jedoch die symbiotischen Bakterien wieder. Das führt zu einer schubartigen Vermehrung und Verbesserung der natürlichen Darmflora. Bereits nach wenigen Tagen Milch-Semmel-Diät hat sie sich gänzlich erholt und meist gegenüber dem Kurbeginn sogar wesentlich verbessert.
Solange Ihr Darm in der auf Seite 27 beschriebenen Weise auf das Bitterwasser reagiert, besteht überhaupt kein Grund zu irgendwelchen Sorgen.

Der 14. Tag

Hiermit endet Ihre zweite Woche: Sie schließen heute die strenge Milch-Semmel-Diät ab. Mit dem morgigen Tag beginnen Sie langsam, Ihren Verdauungsapparat wieder an andere Nahrungsmittel zu gewöhnen.
Als kleine Bereicherung für den heutigen Tag dürfen Sie eine Tasse Schwarzen Tee trinken. Verfahren Sie ähnlich wie beim Grünen Tee am elften Tag: Versuchen Sie die belebende Wirkung bewußt wahrzunehmen. Schwarzer Tee wirkt im Körper sauer und sollte deshalb, wie Bohnenkaffee, grundsätzlich nur in geringen Mengen (eine Tasse am Tag) genossen werden. Wenn Sie gerne eine Tasse Schwarzen Tee zum Frühstück trinken, kompensieren Sie nach Ihrer Kur die saure Wirkung mit der Zugabe von Milch oder basischer Kost, wie Obst.

Checkliste **14. Tag**

Morgens:
- ☐ *Bitterwasser $^1/_4$ l*
- *Sie wiegen ..... kg*
- ☐ *Basenpulver*
- ☐ *Legalman*
- ☐ ....
- ☐ ....

Mittags:
- ☐ *heißer Bauchwickel*
- ☐ *Basenpulver*
- ☐ *Legalman*
- ☐ ....
- ☐ ....

Abends:
- ☐ *Basenpulver*
- ☐ *Legalman*
- ☐ ....
- ☐ ....

Entsäuern durch Bewegung

Wir fordern unsere Kurgäste auf, täglich mindestens eine Stunde in der Natur spazierenzugehen. Denn Bewegung an der frischen Luft, bei der die Muskulatur ausreichend mit Sauerstoff versorgt wird – das sogenannte aerobe Training –, hat beste Auswirkungen auf die Gesundheit. Die Abatmung von Kohlensäure über die Lunge wird dabei besonders gefördert, was sich positiv auf die Säure-Basen-Bilanz des Organismus auswirkt. Im Urin läßt sich nachweisen, daß ein ausgedehnter Spaziergang zu einer deutlichen Verringerung der Säurebelastung führt.
Wer übertreibt, provoziert jedoch den gegenteiligen Effekt: Das Blut kann die Milchsäure in den Muskeln nicht mehr rasch genug weitertransportieren, eine lokale Übersäuerung, spürbar als Muskelkater, ist die Folge.

Täglich eine Stunde Bewegung an der frischen Luft ist nicht nur während der Kur empfehlenswert

Tip

Faustregel für »Aerobes Training«

Wenn Sie beim flotten Wandern gerade noch sprechen könnten, aber nicht mehr wollen, dann nehmen Ihre Muskeln die richtige Menge Sauerstoff auf, die den Körper entsäuert.

Die dritte Woche

Das erwartet Sie

Nun beginnt eine milde Aufbaudiät

In der dritten Woche der neuen F.-X.-Mayr-Kur beginnen Sie, Ihren Verdauungsapparat Schritt für Schritt wieder an andere Nahrungsmittel zu gewöhnen. Da sich Ihr Darm in den letzten 14 Tagen gerade erholt hat, muß die Belastung langsam und aufbauend erfolgen. Vergleichen Sie den Darm mit einer jungen Pflanze, die keimt und besondere Schonung benötigt. Alle Anwendungen der letzten beiden Wochen, wie Bitterwasser, Substitute, Bauchwickel und Bauchmassagen, bleiben dabei unverändert bestehen!

Zu zweit macht nicht nur das Fasten, sondern auch das Kochen einfach mehr Spaß!

Die Gerichte, die nun täglich mittags auf dem Speiseplan stehen, entsprechen den Erkenntnissen über den Säure-Basen-Haushalt des Organismus. Dr. Rauch, der diese Diätetik zusammen mit seinem Küchenmeister Peter Mayr entwickelte, nannte sie »Milde Ableitungsdiät, erste Stufe« (MAD I). Die Rezepte in unserem Buch stammen von Franz Rieder, dem Chefkoch im F.-X.-Mayr-Zentrum. Sie orientieren sich an den Forschungen von Dr. Rauch.

Selbst kochen – Erlebnis und Notwendigkeit

Wer selbst kocht, bekommt einen unmittelbaren Bezug zu dem, was er ißt. Abgesehen von diesem pädagogischen Effekt macht Kochen einfach Spaß! Kochen Sie die ersten Gerichte zusammen mit Ihrem Partner. Das gemeinsame Erlebnis steigert die Freude am anschließenden Essen! Der wichtigste Aspekt des Selbstkochens ist, daß Sie nur auf diese Weise wirklich wissen, was Sie zu sich nehmen. Geben Sie auch in der Zeit nach der Kur wertvollen Vitalstoffen den Vorzug vor fettreichen, süßen oder denaturierten Industrieprodukten. Ihr Organismus wird sich dafür mit langer, starker Gesundheit, Schönheit und Vitalität bis ins hohe Alter bedanken.

Was Sie zum Kochen benötigen

In der gesunden Küche werden hochwertige Nahrungsmittel schonend verarbeitet. Große Hitze verändert und zerstört die wertvollen Inhaltsstoffe der Lebensmittel, wie Vitamine oder Eiweiß. Tatsächlich kochen die meisten Menschen in dem Irrglauben, alles sterilisieren zu müssen, viel zu heiß.

Zu heißes Kochen zerstört wertvolle Inhaltsstoffe

- Die bevorzugte Zubereitungsart der gesunden, kreativen Küche ist das Dämpfen: Die Lebensmittel werden im heißen Wasserdampf gegart. Dazu benötigen Sie einen Kochtopf mit Dampfeinsatz und passendem Deckel. Seit einiger Zeit gibt es auch Spezialkochgeschirr, das sich besonders gut zum Dämpfen eignet.
- Darüber hinaus benötigen Sie eine beschichtete Gußeisen- oder Teflonpfanne, um mit geringstem Einsatz von Fetten und Ölen Fisch, Fleisch und Geflügel anbraten zu können.
- Drei verschieden große Töpfe mit zirka zwei bis acht Liter Fassungsvermögen und entsprechenden Deckeln ergänzen das Kochgeschirr.
- Für Aufläufe und Erhitzen im Wasserbad dürfen Soufflé-förmchen, Stielkasserollen und eine Auflaufform nicht fehlen.
- Für die Zubereitung von Cremes, Saucen und anderen Mischungen bewährt sich ein Standmixer.
- Neben dem üblichen Besteck finden ein Schneebesen zum Schlagen von Sahne, Eiweiß und Butter sowie ein Wiegemesser zum Zerkleinern frischer Gartenkräuter häufige Verwendung.

Dämpfen ist die schonendste Art der Zubereitung

Zu den Rezepten

Vielleicht ist die neue F.-X.-Mayr-Kur für Sie der Auslöser, erstmals selbst zum Kochlöffel zu greifen. Deshalb sind die folgenden Rezepte und einzelne Ausdrücke sehr genau erklärt. Das heißt jedoch nicht, daß Sie als erfahrener Koch oder Köchin an den Gerichten keine Freude haben werden. Im Gegenteil, Sie werden sicher viele Anregungen bekommen.

Die Rezepte sind jeweils für zwei Personen ausgelegt. Wenn Sie für sich allein kochen, halbieren Sie bitte alle Mengenangaben.

Checkliste **15. Tag**

Morgens:
- ◻ *Bitterwasser 1/4 l*
- *Sie wiegen . . . . . kg*
- ◻ *Basenpulver*
- ◻ *Legalman*
- ◻ . . . .
- ◻ . . . .

Mittags:
- ◻ *heißer Bauchwickel*
- ◻ *Basenpulver*
- ◻ *Legalman*
- ◻ . . . .
- ◻ . . . .

Abends:
- ◻ *Basenpulver*
- ◻ *Legalman*
- ◻ . . . .
- ◻ . . . .

Der 15. Tag

Frühstücken Sie wie gewohnt mit Milch, Kursemmel und 50 Gramm einer Eiweißzulage. Nach Möglichkeit unternehmen Sie am Vormittag einen Spaziergang zum Markt, um frisches Gemüse für das Mittagessen einzukaufen.

Ihr erstes Mittagessen

Alle Mittagessen in der dritten Woche der neuen F.-X.-Mayr-Kur setzen sich aus einer Basencremesuppe als Vorspeise und einem besonders schonenden Hauptgericht zusammen. Zur Basencremesuppe sollten Sie einige Scheiben der Kursemmel essen, um auch sie stets richtig einzuspeicheln.
Genießen Sie auch die Hauptgerichte auf die richtige Weise nach Dr. F. X. Mayr: Essen Sie langsam und bewußt, schmekken Sie jeden Bissen, genießen Sie die unverfälschten Aromen der Lebensmittel und schlucken Sie erst nach mindestens 30 gründlichen Kaubewegungen!

Basencremesuppe

Die Basencremesuppe oder Basengemüsesuppe ist ein Grundnahrungsmittel der gesunden Küche. Sie führt dem Körper wertvolle Basenspender zu, wärmt den Magen und regt Appetit und Verdauungssäfte an. Der erste Heißhunger wird durch sie gestillt, und zudem schmeckt sie köstlich.

Die klare Basenbrühe dient als Grundlage für Basencremesuppe und Basensauce

▶ *Was Sie brauchen:*
Für 2 Personen: 150 g Kartoffeln • 300 g Gemüse (wie Zucchini, Karotten, Sellerieknollen oder Fenchel) • 0,6 l Basenbrühe (→ Zubereitung, Seite 81) • gerebeltes Thymiankraut, 2 Lorbeerblätter, frisch gemahlener Pfeffer • 10 g Butter

▶ *So wird's gemacht:*
Kartoffeln schälen und das Gemüse in kleine Stücke schneiden. Die Butter in einem Kochtopf zergehen lassen, Kartoffeln und Gemüse kurz (2 Minuten) andünsten, mit Gemüsebrühe aufgießen und die Gewürze dazugeben. Langsam zirka 10 Minuten köcheln lassen. Anschließend mit dem Mixer pürieren und danach nochmals abschmecken. Eventuell mit 1/2 EL süßer Sahne verfeinern.

Tip

Varianten von Basensuppe und -sauce

Nachfolgend werden Sie häufig Begriffe wie Fenchelbasensuppe oder Selleriebasensauce lesen. Die Namensgebung verrät jeweils die Zubereitung:

- *Für die Basensuppe nehmen Sie ein Drittel Kartoffeln (150 g) und zwei Drittel des namensgebenden Gemüses (300 g), hier also Fenchel.*
- *Bei der Basensauce zwei Drittel Kartoffeln (150 g) ein Drittel (75 g) des namensgebenden Gemüses, hier also Sellerie.*

Die genaue Zubereitung ist in den Rezepten angegeben.

Eine basische Ernährung unterstützt die Entsäuerung des Körpers

Basensauce

Die Basensaucen dienen bei vielen Hauptgerichten als Beilage und sorgen für ein ausgewogenes Säure-Basen-Verhältnis.

▶ ***Was Sie brauchen:***

Für 2 Personen: 150 g Kartoffeln • 75 g Gemüse (Zucchini, Karotten, Sellerieknollen oder Fenchel) • 0,3 l Basenbrühe (→ Zubereitung, Seite 81) • 1 Lorbeerblatt, 1 Prise Kümmel, frisch gemahlenen Pfeffer, etwas Liebstöckelkraut • 2 EL süße Sahne, 10 g Butter

▶ ***So wird's gemacht:***

Bereiten Sie die Basensauce auf die gleiche Weise zu wie die Basencremesuppe. Geben Sie vor dem Mixen die beiden EL süße Sahne hinzu. Servieren Sie die Basensauce auf einem Extrateller oder gemeinsam mit dem Hauptgericht.

Kartoffeln sind das ideale basische Nahrungsmittel

Ein einfaches Kartoffelgericht

Essen Sie heute mittag nach der Basencremesuppe ein Kartoffelgericht mit Kräuterquark oder Kalbsschinken. Für zwei Personen benötigen Sie 250 g mehlige Kartoffeln, die Sie in der Schale dämpfen, um Nährstoffe, wie die fettlöslichen Vitamine A und E, in der Außenrandschicht zu erhalten. Lassen Sie die Kartoffeln im Wasserdampf garen, bis sie mit einer Gabel leicht zu durchstechen sind. Schälen Sie die Kartoffeln, da sich in der Schale möglicherweise Nitratrückstände befinden können. Genießen Sie dieses natürliche Nahrungsmittel mit je 50 g Beilage.

Checkliste **16. Tag**

Morgens:
- ▫ *Bitterwasser ¼ l*
- *Sie wiegen ..... kg*
- ▫ *Basenpulver*
- ▫ *Legalman*
- ▫ ....
- ▫ ....

Mittags:
- ▫ *heißer Bauchwickel*
- ▫ *Basenpulver*
- ▫ *Legalman*
- ▫ ....
- ▫ ....

Abends:
- ▫ *Basenpulver*
- ▫ *Legalman*
- ▫ ....
- ▫ ....

Der 16. Tag

Als Vorspeise gibt es jetzt jeden Mittag eine Basencremesuppe (→ Seite 96). Bereiten Sie die Suppe wie gestern zu. Sie muß immer frisch gekocht werden und darf, im Gegensatz zur Gemüsebrühe, nicht kaltgestellt oder gefroren am nächsten Tag wieder verwendet werden. Mit ein bißchen Übung gelingt Ihnen die Zubereitung der Basencremesuppe oder der Basensauce in rund 20 Minuten. – Wenn möglich, ruhen Sie sich vor dem Kochen mit einem heißen Bauchwickel aus.

Frisches Gemüse mit Butterkartoffeln

Als Hauptgericht essen Sie eine frische Gemüsevariation mit Butterkartoffeln. Achten Sie besonders auf die schonende Zubereitung des Gemüses! Wenn Sie früher Gemüse lange gekocht und üppig mit fertigen Mischungen gewürzt haben, werden Sie heute ganz neue Geschmacksqualitäten kennenlernen. Die Zubereitung dauert etwa eine halbe Stunde.

▶ *Was Sie brauchen:*
Für 2 Personen: 100 g Möhren, 100 g Sellerieknollen, 100 g Zucchini • 100 g Kartoffeln • 20 g Butter, eventuell etwas Basenbrühe • Salz und frisch gemahlener Pfeffer • frische Gartenkräuter wie Petersilie, Kerbel, Estragon, Basilikum

▶ *So wird's gemacht:*
Die Kartoffeln roh schälen, in 2 cm dicke Scheiben schneiden und in zerlaufener Butter dünsten. Das Dünsten geschieht bei mäßiger Wärmezufuhr auf kleinster Flamme oder am E-Herd auf Stufe ½ bis 1. Im zugedeckten Kochtopf beginnt das Gemüse im eigenen Saft vor sich hin zu köcheln, bis es gar ist. Die Kartoffeln brauchen zirka 10 bis 15 Minuten länger zum Garen als die anderen Gemüsesorten und werden deshalb in einem separaten Topf gedünstet.

Dünsten bedeutet im eigenen Saft auf kleiner Flamme garen

Möhren, Sellerie und Zucchini vorbereiten, das heißt waschen, eventuell mit einer Bürste abreiben, falls notwendig schälen (in diesem Fall den Sellerie) und zerkleinern. In Butter und eventuell etwas Basenbrühe dünsten. Anschließend mit den Kräutern würzen, abschmecken und gemeinsam mit den Kartoffeln servieren.

Frische Gemüsevariation mit Butterkartoffeln und Kräutern – so köstlich kann gesundes Essen sein

Wenig salzen mit dem richtigen Salz

Kochsalz, chemisch Natriumchlorid, ist eine lebensnotwendige Substanz. Sowohl Natrium als auch Chlorid benötigt der Organismus für grundlegende Funktionen, wie für die Reizweiterleitung in den Nervenbahnen. Aktuelle Forschungen empfehlen, täglich rund zwei Gramm Kochsalz mit der Nahrung aufzunehmen. Zuviel ist jedoch auch nicht gut! Dann schadet es dem Organismus, denn Salz bindet Wasser im Körper, belastet so das Herz und stört außerdem die Verdauungsprozesse im Darm.

Ein guter Koch vermeidet Salz, um den feinen Geschmack der Speisen zu erhalten. Als Alternative greift er auf die Vielfalt frischer Gartenkräuter zurück, deren Würze das Salz in Gerichten meist gänzlich überflüssig macht. Als geeigneter Ersatz kann das im Reformhaus erhältliche Kräuter- oder Selleriemineralsalz dienen.

Verwenden Sie Meersalz und das nur sehr sparsam

Wenn Sie Salz verwenden, versuchen Sie möglichst auf Meersalz zurückzugreifen. Im Gegensatz zum industriell aus der Sole gewonnenen Steinsalz enthält Meersalz noch viele andere wertvolle Mineralien und Spurenelemente. Es muß auch nicht künstlich jodiert werden.

Checkliste **17. Tag**

Morgens:

- ☐ *Bitterwasser 1/4 l*

Sie wiegen ..... kg

- ☐ ***Basenpulver***
- ☐ ***Legalman***
- ☐ ....
- ☐ ....

Mittags:

- ☐ ***heißer Bauchwickel***
- ☐ ***Basenpulver***
- ☐ ***Legalman***
- ☐ ....
- ☐ ....

Abends:

- ☐ ***Basenpulver***
- ☐ ***Legalman***
- ☐ ....
- ☐ ....

Der 17. Tag

Beim morgendlichen Blick auf die Waage werden Sie feststellen, daß Sie in den letzten Tagen weniger Gewicht verloren haben als zuvor. Ein Mittagessen der milden Aufbaukost mit Basencremesuppe und Hauptgericht führt dem Organismus durchschnittlich 500 Kilokalorien an Energie zu. Zusammen mit Frühstück und Abendessen bleibt die Zufuhr der verwertbaren Nahrungsmittel aber auf einem niedrigen Niveau, so daß nach wie vor überschüssige Reserven abgebaut werden.

Das Idealgewicht erreichen

Wenn Sie die neue F.-X.-Mayr-Kur in erster Linie durchführen, weil Sie abnehmen möchten, können Sie sich die folgenden Gerichte ruhigen Gewissens schmecken lassen. Stark übergewichtige Personen verlieren auch noch in der Kurausleitung kontinuierlich an Gewicht, bis der Körper sein Idealgewicht erreicht hat. Umgekehrt haben wir auch immer wieder beobachtet, daß atrophe, also zu schlanke Menschen bereits mit den ersten Gerichten der milden Aufbaukost Substanz ansetzen und sich das Bindegewebe fühlbar strafft.

Schonend, weil nur aus basischen Nahrungsmitteln: der schmackhafte Kartoffelauflauf

Kartoffelauflauf mit Wurzelgemüse

Nach der täglichen Basencremesuppe als Vorspeise lernen Sie heute einen einfachen Auflauf aus Kartoffeln und Wurzelgemüse kennen. Der Weißwein in der Sauce zum Überbacken verleiht dem Gericht einen besonderen Akzent, den Feinschmecker sehr schätzen werden. Auch diese Speise besteht praktisch nur aus basischen Nahrungsmitteln.

▶ ***Was Sie brauchen:***

Für 2 Personen: 350 g Kartoffeln • je 75 g Möhren, Sellerieknolle, Petersilienwurzel und Auberginen • 0,1 l Basenbrühe, 0,1 l süße Sahne, 0,1 l leichter Weißwein • 2 Eigelb • frisch geriebener Muskat, etwas Meersalz, Oregano, gehackte Gartenkräuter • etwas Butter zum Einfetten der Auflaufform

Ein Schuß Weißwein verfeinert den Auflauf

▶ ***So wird's gemacht:***

Kartoffeln in der Schale weichkochen, anschließend schälen und in mittelstarke, etwa 2 cm dicke Scheiben schneiden. Die verschiedenen Gemüse putzen, in Scheiben oder Würfel schneiden und in der Basenbrühe blanchieren. Die Basenbrühe abgießen, um sie für die Sauce weiterzuverwenden. Kartoffeln und Gemüse in Schichten in die mit Butter eingefettete Auflaufform geben.

Süße Sahne, Weißwein, Gewürze und Kräuter kurz (etwa 1 bis 2 Minuten) mit der Basenbrühe aufkochen. Abkühlen lassen und 2 Eigelb unterrühren. Diese Sauce über die Kartoffel-Gemüse-Schichten in die Auflaufform gießen.

Den Auflauf im vorgeheizten Backofen bei zirka 175 °C für rund 20 Minuten backen. Die fertige Speise aus der Form heben und auf flachen Tellern servieren.

Kochen Sie bei milder Hitze, um die Nährstoffe zu erhalten

Für die gesunde Küche nicht geeignet

Keinen Platz in der gesunden Küche haben Mikrowellenherd, Friteuse, Druckkochtopf und Plattengrill. Alle diese Geräte zerstören durch zu große Hitze die empfindlichen Bestandteile der Nahrungsmittel.

Wenn Sie aus Zeitgründen trotzdem einen Druckkochtopf zum Kochen von Kartoffeln verwenden wollen, sollten Sie sie nicht schälen, um damit wenigstens einen Teil der Nährstoffe zu erhalten.

Checkliste **18. Tag**

Morgens:
- □ *Bitterwasser 1/4 l*
- *Sie wiegen ..... kg*
- □ *Basenpulver*
- □ *Legalman*
- □ ....
- □ ....

Mittags:
- □ *heißer Bauchwickel*
- □ *Basenpulver*
- □ *Legalman*
- □ ....
- □ ....

Abends:
- □ *Basenpulver*
- □ *Legalman*
- □ ....
- □ ....

Der 18. Tag

Durch die vermehrte Aufnahme von Ballaststoffen verändert sich nun Ihre Verdauung: Ihr Stuhl bekommt eine leicht breiige Konsistenz. Falls jetzt kurzfristig auffällige Phänomene auftreten, wie scharfer, übler Geruch oder knollige Inhalte (auch Kotsteine genannt), handelt es sich nach wie vor um Entgiftungsreaktionen, die Sie nicht beunruhigen müssen. Kommen begleitende Beschwerden wie Übelkeit oder Kopfweh hinzu, liegt eine späte Kurkrise vor (→ Seite 86). Wenn Sie deshalb an einem Tag keinen Appetit haben, lassen Sie eine Mahlzeit aus und trinken dafür besonders viel Wasser oder dünn gebrühten Kräutertee. Verschieben Sie Ihren Kurfahrplan einfach um einen Tag nach hinten. Verschwinden die Beschwerden allerdings nicht innerhalb von zwölf Stunden, sprechen Sie mit Ihrem Mayr-Arzt oder fragen Sie Ihren Hausarzt um Rat.

Gedünstetes Forellenfilet mit Möhren

In der dritten Woche steht eine Forelle als Mahlzeit mit hochwertigem tierischem Eiweiß auf dem Speiseplan. Im Sinne des Säure-Basen-Haushaltes spendet der Fisch den notwendigen Säureanteil für die richtige Nahrungszusammenstellung. Für die Zubereitung von Fisch gelten in der gesunden Küche die gleichen Grundsätze wie für Gemüse: In der Einfachheit liegt die Wahrheit, und je schonender die Zubereitung erfolgt, um so wertvoller und vollwertiger gelingt das Gericht. Genießen Sie vor Ihrem ersten Fisch wie immer einen Teller frisch zubereitete Basencremesuppe.

Ein Grundsatz der gesunden Küche: In der Einfachheit liegt die Wahrheit

▶ *Was Sie brauchen:*
Für 2 Personen: 300 g Forellenfilets • 200 g Kartoffeln • 300 g Möhren • 0,1 l Basenbrühe • 20 g Butter • Meersalz, frisch gemahlener Pfeffer, frische Petersilie • 1 Zitrone

▶ *So wird's gemacht:*
Die küchenfertigen Forellenfilets mit Meersalz, Pfeffer und Zitronensaft marinieren (was soviel bedeutet wie »mit Geschmack bereichern«). Mit etwas Basenbrühe rund 10 Minuten zugedeckt dünsten. Die richtige Temperatur zum Dünsten liegt knapp unter 100 °C, so daß die Filets ganz leicht sieden,

bis sie gar sind. Kartoffeln und Möhren schälen und in gleich große Würfel oder Scheiben schneiden. Gemeinsam etwa 15 bis 20 Minuten dämpfen (je nach Größe der Scheiben oder Würfel), bis beide Gemüse gar sind.
Die Butter schmelzen lassen, das Gemüse hineingeben, die Petersilie darüberstreuen und gemeinsam darin schwenken. Dadurch glänzt das Gemüse besonders appetitlich. Zusammen mit der Forelle auf flachen Tellern servieren.

Je schonender die Zubereitung, desto vollwertiger gelingt das Gericht

Fische schonend zubereiten

Fische lassen sich auf vielerlei Arten schonend und schmackhaft zubereiten. Sie können sie im Wasserdampf, in einer Pfanne mit wenig Öl oder Butter, in einer Kasserolle, auf einem Grill oder in Aluminiumfolie garen.
Als Gratinieren bezeichnet man das Garen mit starker Hitze von oben, als Pochieren das Erhitzen in einer Flüssigkeit. Die Zubereitung in Alufolie führt zu besonders intensiven Aromen. Eine interessante Geschmacksvariation erzielt man beim Dämpfen, wenn dem Wasser Kräuter, Wein oder Gewürze zugefügt werden. Grillen erfordert viel Erfahrung, da Fisch leicht austrocknet und der Garpunkt nicht überschritten werden darf.

Gedünsteter Fisch enthält wertvolles tierisches Eiweiß und schmeckt köstlich mit Möhrengemüse und Petersilienkartoffeln

Checkliste **19. Tag**

Morgens:
- ☐ *Bitterwasser 1/4 l*

Sie wiegen ..... kg
- ☐ *Basenpulver*
- ☐ *Legalman*
- ☐ ....
- ☐ ....

Mittags:
- ☐ *heißer Bauchwickel*
- ☐ *Basenpulver*
- ☐ *Legalman*
- ☐ ....
- ☐ ....

Abends:
- ☐ *Basenpulver*
- ☐ *Legalman*
- ☐ ....
- ☐ ....

Der 19. Tag

Nach der gestrigen Fischmahlzeit folgt heute ein vegetarischer Vollwerttag. Ein gesunder Speiseplan sieht Hauptmahlzeiten mit tierischem Eiweiß maximal dreimal in der Woche vor. Natürlich beginnt Ihr vegetarisches Mittagessen mit einer Basencremesuppe als Vorspeise. Probieren Sie heute Teile der Kursemmel als Croûtons in der Suppe. Dazu entfernen Sie von zwei oder drei Scheiben der Kursemmel die Kruste und schneiden sie in kleine Würfel. Diese werden in einer beschichteten Pfanne knusprig gebräunt. Servieren Sie die Croûtons extra in einer Tasse und streuen Sie sie erst am Tisch in die Suppe ein. Vergessen Sie bei dieser Variation nicht, jeden Bissen genauso gründlich zu kauen und einzuspeicheln wie sonst auch!

Buchweizen-Crêpes mit Gemüseragout

Dieses köstliche Gericht setzt sich aus Pfannkuchen (Crêpes) mit einer Fenchel-Möhren-Champignon-Füllung zusammen. Ihre Geschmacksnerven werden vor allem die Champignons deutlich wahrnehmen. Wie alle Speisepilze wirken sie im Ver-

Leckere Vollwertkost: Buchweizen-Crêpes gefüllt mit Gemüseragout und Champignons

dauungsprozeß als wertvolle Basenspender. Außerdem führen sie dem Körper wenig Kalorien, dafür aber viele wichtige Mineralstoffe und Spurenelemente zu.

▶ *Was Sie brauchen:*

Für 2 Personen: 150 g Buchweizenmehl • je 100 g Fenchelknolle, Möhren und Champignons • 0,25 l Möhrenbasensauce (→ Seite 97) • 0,2 l Milch, 2 EL süße Sahne • 2 Eier • 1 EL Sonnenblumenöl, 20 g Butter • 1 Prise Meersalz, frisch geriebener Muskat, frische Petersilie, Gartenkräuter (wie Estragon, Dill und Petersilie)

Für Ihre Geschmacksnerven sind die Champignons etwas ganz Neues

▶ *So wird's gemacht:*

Das Buchweizenmehl mit Milch, Öl, Meersalz und Muskat cremig vermengen. Eier hinzufügen und glattrühren. Zum Schluß die kleingehackte Petersilie beigeben. Die Konsistenz des Teiges soll leicht dickflüssig und cremig sein. Aus dem Teig in einer beschichteten Pfanne mit wenig Butter mehrere dünne Crêpes backen. Die Crêpes können über Dampf warm gestellt werden, bis die Füllung fertig zubereitet ist.

Das geputzte Gemüse in Stücke schneiden und gemeinsam zugedeckt dünsten. Mit süßer Sahne und den frischen Gartenkräutern abschmecken. Die nach dem Rezept auf Seite 97 zubereitete Möhrenbasensauce zu dem gedünsteten Gemüse geben. Alles zusammen in die fertigen Crêpes füllen, diese zusammenklappen oder einrollen und auf flachen Tellern hübsch garniert servieren.

Die Kurmaßnahmen nicht vernachlässigen

Auch wenn in der dritten Kurwoche die Rezepte für das Mittagessen im Vordergrund stehen, dürfen Sie alle anderen Kurmaßnahmen nicht vernachlässigen. Nach wie vor regeneriert sich Ihr gesamter Organismus durch die konsequente Anwendung aller vier »S« (→ Seite 25 und 38).

Denken Sie daran, Ihren Alltag auch in Zukunft gesund zu gestalten

Wenn Sie inzwischen Ihre Arbeit wiederaufgenommen haben, ist jetzt die richtige Zeit, für sich oder mit Ihrem Partner gemeinsam Ihren Alltag neu zu strukturieren. Einen hohen Stellenwert sollten für Sie in Zukunft das Kochen, Bewegung an der frischen Luft und gesundheitserhaltende Maßnahmen haben, wie Sie sie in den letzten Wochen schätzengelernt haben. Vergessen Sie nicht: Gesundheit kommt noch vor der Arbeit!

Checkliste **20. Tag**

Morgens:
- ☐ Bitterwasser 1/4 l
- Sie wiegen ..... kg
- ☐ Basenpulver
- ☐ Legalman
- ☐ ....
- ☐ ....

Mittags:
- ☐ heißer Bauchwickel
- ☐ Basenpulver
- ☐ Legalman
- ☐ ....
- ☐ ....

Abends:
- ☐ Basenpulver
- ☐ Legalman
- ☐ ....
- ☐ ....

Der 20. Tag

Am vorletzten Kurtag Ihrer neuen F.-X.-Mayr-Kur steht zum zweiten Mal ein Gericht mit tierischem Eiweiß auf dem Speiseplan. Neben Fisch und Pute ist mageres Kalbfleisch der bevorzugte Eiweiß- und Säurespender der gesunden Küche.

Kalbsnaturschnitzel mit Tomaten und Zucchinigemüse

Zur Hauptmahlzeit gibt es heute als neue Eiweißvariante gebratenes Kalbfleisch. Damit das ideale Säure-Basen-Gleichgewicht trotzdem erhalten bleibt, dient wie immer die bewährte Basencremesuppe als Vorspeise. Die Beilagen zum Hauptgang sind ebenfalls basisch: ein schmackhafter Risotto, frisch zubereitetes Zucchinigemüse und Tomaten mit Mozzarella zum Überbacken des Fleisches.

▶ *Was Sie brauchen:*
Für 2 Personen: 250 g Kalbsschnitzel • 500 g Zucchini, 2 Tomaten • 100 g Risotto-Rundkornreis • 100 g Mozzarella, 50 g Parmesan • 1/4 l Basenbrühe • 1 EL Sonnenblumenöl, 2 EL Olivenöl • 10 g Butter • 0,15 l Weißwein • gerebelter Thymian, 1 Rosmarinzweig, Meersalz und frisch gemahlener Pfeffer

▶ *So wird's gemacht:*
Die Kalbsschnitzel dünn klopfen und mit Meersalz, Pfeffer und Rosmarin würzen. Den Mozzarella in Scheiben schneiden, die Tomaten schälen (→ Kasten, nächste Seite) und das Fruchtfleisch würfeln. Die Schnitzel in wenig Sonnenblumenöl kurz (insgesamt etwa 3 Minuten) beidseitig anbraten. Anschließend auf einer Seite mit Tomatenwürfeln und Mozzarella belegen. Zum Überbacken mit der belegten Seite nach oben in eine beschichtete Pfanne geben. Zugedeckt etwa 10 Minuten fertig garen, bis der Mozzarella angeschmolzen ist.

Auch die Tomaten sollten immer frisch zubereitet werden

Ein Essen für Feinschmecker: Kalbsschnitzel mit Tomaten und Mozzarella überbacken, dazu Risotto mit Parmesan und Zucchinigemüse

Den Reis kurz in kaltem Wasser waschen. 10 g Butter schmelzen und den Reis darin 2 Minuten andünsten. Dann mit der Basenbrühe aufgießen und auf kleiner Flamme zirka 10 bis 15 Minuten köcheln lassen, bis der Reis gar ist. Den Reis zuletzt mit Weißwein und dem frisch geriebenen Parmesan vermischen. Mit wenig Salz abschmecken.
Die Zucchini waschen und in Scheiben schneiden. Im erhitzten Olivenöl durchschwenken und mit gerebeltem Thymian, Meersalz und frisch gemahlenem Pfeffer würzen. Zugedeckt wenige Minuten dünsten lassen, so daß sie noch »Biß« haben. Alles zusammen anrichten und mit Rosmarin garnieren.

Mageres Kalbfleisch ist ein wichtiger Bestandteil der gesunden Küche

Tip

Tomaten schnell geschält

Verwenden Sie zum Kochen immer frisch geschälte Tomaten. Das Schälen geht besonders leicht, wenn die Tomaten etwa 1 Minute im Dampf oder 15 Sekunden im kochenden Wasser gelegen haben. Ziehen Sie die Haut ab, schneiden Sie die Tomate durch und streifen Sie mit einem Messer die Kerne heraus. Das übrige Fruchtfleisch läßt sich nun leicht in Streifen oder Würfel schneiden.

Checkliste **21. Tag**

Morgens:
- ☐ *Bitterwasser $^{1}/_{4}$ l*
- *Sie wiegen ..... kg*
- ☐ *Basenpulver*
- ☐ *Legalman*
- ☐ ....
- ☐ ....

Mittags:
- ☐ *heißer Bauchwickel*
- ☐ *Basenpulver*
- ☐ *Legalman*
- ☐ ....
- ☐ ....

Abends:
- ☐ *Basenpulver*
- ☐ *Legalman*
- ☐ ....
- ☐ ....

Der 21. Tag

Ein Vollwertgericht mit ballaststoffreichen Haferzutaten schließt die Mittagsmahlzeiten der milden Aufbaukost in der dritten Kurwoche ab. Bereiten Sie sich auch am letzten Tag eine Basencremesuppe mit frischem Gemüse als Vorspeise zu.

Hafer-Kleie-Auflauf mit Möhren und Rahmblattspinat

▶ *Was Sie brauchen:*
Für 2 Personen: 12 g Haferflocken, 12 g Hafermehl, 10 g Haferkleie • 200 g Blattspinat, 200 g Möhren • 0,1 l Basenbrühe • 40 g Magerjoghurt, 0,1 l süße Sahne, $^{1}/_{8}$ l Milch • 1 Eigelb, 1 Eiweiß • 5 g Butter • 1 Prise Koriander, etwas Selleriesalz, frische Petersilie, Muskat, Meersalz • Butter und Semmelbrösel für 2 Auflaufförmchen

▶ *So wird's gemacht:*
Die Haferzutaten mit Milch, Basenbrühe, Butter, Koriander und Selleriesalz kalt zusammenmischen. Unter ständigem Rühren kurz aufkochen und auskühlen lassen. In dieser Zeit die beiden Auflaufförmchen einbuttern und mit Semmelbröseln bestreuen. Das Eigelb, Joghurt und frischgehackte Petersilie mit der ausgekühlten Masse vermengen. Das Eiweiß steif schlagen und den Eischnee leicht unterheben. Die Masse in die Auflaufförmchen füllen und im Dampfeinsatz eines Kochtopfs etwa 20 bis 25 Minuten zugedeckt garen.

Die Verdauung wieder an ballaststoffreiche Nahrung gewöhnen

In der Zwischenzeit die Möhren dünsten. Den Spinat blanchieren, die süße Sahne zugeben und mit Muskat und Meersalz würzen. Gemeinsam mit dem Haferauflauf servieren.

Schonender Übergang in den Alltag

Beachten Sie nach dem Ende Ihrer F.-X.-Mayr-Kur bitte auch alle Hinweise im nächsten Kapitel »Die sanfte Kurausleitung«. Darin begleiten wir Sie bei dem schonenden Übergang zu gesunder Kost im Alltag. Nur eine langsame und konsequente Kurausleitung festigt den Erfolg Ihrer neuen F.-X.-Mayr-Kur!

Mit einem vollwertigen Hafer-Kleie-Auflauf beschließen Sie die dritte Woche Ihrer neuen F.-X.-Mayr-Kur

Denaturierte Speisen vermeiden

Denaturierung bezeichnet den Vorgang, Nahrungsmittel in ihrem natürlichen Vorkommen industriell zu verändern. Lebensmittel werden in ihrer Vielfalt getrennt, mechanisch und chemisch zerlegt und gelangen nur noch in einzelnen Bestandteilen zum Verzehr.

Ein Beispiel für Denaturierung ist die handelsübliche Milch. Während Rohmilch nach kurzer Lagerung natürlich säuert und zu wertvoller Sauermilch, Quark oder natürlichem Joghurt verarbeitet werden kann, wird die pasteurisierte und durch Zentrifugieren von Molke und Rahm befreite »Vollmilch« lediglich schlecht. Noch deutlicher wird dieser Vorgang bei der Haltbarmilch, die nur noch faulen kann. Industriezucker und alle darauf basierenden Produkte, Weißmehl und polierter Reis sind weitere Beispiele für die zahlreichen denaturierten Nahrungsmittel, die in den Regalen unserer Supermärkte stehen.

Vollwerternährung bedeutet: Kochen mit naturbelassenen Nahrungsmitteln

Viele krankhafte Veränderungen unserer Körperzellen werden wahrscheinlich von chemischen Zusätzen in der Nahrung und der Denaturierung der Nährstoffe ausgelöst. Vollwerternährung, wie Sie sie in dieser Woche kennengelernt haben, heißt, denaturierte, künstlich veränderte Nahrungsmittel zu vermeiden!

Die sanfte Kurausleitung

Herzlichen Glückwunsch

Nach drei Wochen Kur fühlen Sie sich bestimmt pudelwohl

Zunächst einmal gratulieren wir Ihnen! Sie haben den Hauptteil Ihrer neuen F.-X.-Mayr-Kur abgeschlossen. Wenn Sie sich heute vor dem Spiegel betrachten, erinnern Sie sich an Ihre Ausgangssituation vor drei Wochen. Betrachten Sie nicht nur die Figur und das Gesicht. Ihre Haltung, die Farbe Ihrer Haut und Ihre Haare – an Ihrem gesamten Äußeren können Sie Zeichen Ihrer Gesundheit erkennen, und Sie werden sich pudelwohl fühlen. Außerdem haben Sie an Ihrer Ernährung ganz neue Qualitäten entdeckt, wie den herrlichen Geschmack einfacher, natürlicher Speisen.

Die Kurausleitung beginnt

Am 22. Tag nach dem Anfang Ihrer Kur beginnen Sie mit dem sanften Übergang zu normaler Kost. Das Bitterwasser und die Substitute werden nun stufenweise abgesetzt.

Eine abschließende Untersuchung bei Ihrem Mayr-Arzt

Bei einer abschließenden körperlichen Untersuchung wird Sie Ihr Mayr-Arzt über alle notwendigen Schritte eingehend informieren und Ihnen nützliche Tips geben. Er vermißt, wie zu Kurbeginn, Ihren Körper nach den Regeln und Meßangaben von Dr. F. X. Mayr und dokumentiert die Veränderungen.

Ein sanfter Übergang ist notwendig

Wenn Sie die neue F.-X.-Mayr-Kur allein zu Hause durchführen, halten Sie sich bitte genau an die nun folgende Beschreibung zur Kurausleitung. Sie können Ihrer Gesundheit ernsthaft schaden, wenn Sie den frisch regenerierten Verdauungsapparat zu früh und zu stark belasten.

Bitterwasser noch für drei Wochen

Bereiten Sie das Bitterwasser so, wie es Ihnen am besten geschmeckt hat, weiterhin zu. Die Konzentration, ein gehäufter Teelöffel (sieben Gramm) auf einen Viertelliter Wasser, muß genau stimmen. Trinken Sie aber

- in der ersten Woche der Kurausleitung nur noch zwei Drittel der zubereiteten Mischung
- in der zweiten Woche nur noch die Hälfte und
- in der dritten Woche nur noch ein Drittel.

Gleichzeitig nehmen Sie mit der Ernährung zur Ausleitung vermehrt Ballaststoffe auf. Diese regen die Darmperistaltik an und führen zu zunehmend festeren Stühlen. Nach vier Wochen sollte Ihr Stuhl alle gesunden Merkmale aufweisen (→ Seite 52).

Bitterwasser und Substitute werden nun schrittweise abgesetzt

Hilfe bei Obstipation

Eine leichte Verstopfung (Obstipation) kann in den ersten Tagen nach der Reduzierung des Bitterwassers auftreten. Falls der regelmäßige tägliche Stuhl ausbleibt, trinken Sie eine Stunde vor dem Zubettgehen ein weiteres halbes Glas Bitterwasser, um die Darmtätigkeit anzuregen.

Darüber hinaus gibt es verschiedene natürliche Tricks, den Darm zu motivieren. Der Griff zum Abführmittel sollte stets die letzte Konsequenz bleiben und darf niemals ohne ärztliche Verschreibung erfolgen. Im Alltag können Sie nach der Kurausleitung Verdauung und Stuhlgang folgendermaßen fördern:

Es gibt viele natürliche Tips für eine gesunde Verdauung

- In vielen Fällen hilft es schon, wenn Sie rund eine halbe Stunde vor dem Frühstück ein bis zwei Gläser lauwarmes Wasser trinken und anschließend Morgengymnastik oder einen kleinen Spaziergang machen.
- Zum Frühstück Müsli mit nichtgequollenen, kleingeschnittenen Trockenfrüchten und etwas Leinsamen oder Weizenkleie essen.
- Statt Brot und Gebäck aus feingemahlenem Korn besser zu Vollkornprodukten wie Vollkorn-, Knäcke- oder Grahambrot greifen.

- Ein- bis dreimal wöchentlich morgens 15 Gramm Weizenkleie oder Leinsamengranulat mit viel Flüssigkeit einnehmen.
- Häufig biologische Sauermilch trinken, wie Biojoghurt, Sanoghurt oder Kefir.
- Milchzuckerpräparate aus der Apotheke helfen ebenfalls.
- Spezielle Quellstoffe, die die Verdauung anregen, gibt es in Apotheke und Reformhaus (Dosierung wie angegeben).

Sauermilchprodukte sorgen für eine gesunde Darmflora

Vermeiden Sie außerdem zuviel tierisches Eiweiß, geschälten Reis sowie Mehlspeisen und Teigwaren, die nicht aus Vollkornprodukten hergestellt sind.

Tip

Basenpulver zwischendurch

Basenpulver hilft auch im Alltag, einer Übersäuerung des Körpers vorzubeugen. Vor allem in Zeiten üppiger Kost, wie zu Weihnachten oder bei einer fremden Küche im Urlaub, unterstützen Sie Ihren Organismus durch die Einnahme von Basenmitteln vor dem Essen.

Basenpulver, Bittersegen und Co.

Grundsätzlich können Sie alle Substitute, die Sie während der Kur eingenommen haben, bis zum Ende der jeweiligen Packung aufbrauchen. Reduzieren Sie die Menge von Basenmittel und Bittersegentropfen (oder Schwedenbitter) dabei auf etwa die Hälfte:

- Statt dreimal täglich Basenmittel vor dem Essen nehmen Sie nun dreimal täglich nur die halbe Menge ein.
- Bei den Legalmantropfen zur Aktivierung der Verdauungsdrüsen halbieren Sie die Tropfenanzahl pro Einnahme.

Die Substitute noch einnehmen, bis die Packung aufgebraucht ist

Wenn Ihnen Ihr Mayr-Arzt noch andere Substitute verordnet hat, halten Sie sich bitte an seine Angaben zur Absetzung der Mittel. Vitaminpräparate nehmen Sie im Regelfall bis zum Packungsende.

Zwischendurch viel trinken

Trinken Sie auch während der Kurausleitung vormittags und nachmittags jeweils mindestens einen Liter Wasser oder Kräutertee. Zwischenmahlzeiten haben Sie sich ohnehin bereits abgewöhnt. Bei großem Hunger helfen das Kauen von 1 bis 2 Kursemmelscheiben und die Einnahme von Basenmitteln.

Milde Aufbaukost nach der Kur

Im Unterschied zu den Gerichten der dritten Kurwoche weisen die nun folgenden sieben Speisen der milden Aufbaukost einen höheren Anteil an Ballaststoffen auf. Sie entsprechen den Regeln der milden Ableitungsdiät Stufe II und III. Magen und Darm werden vorsichtig belastet. Ihr Verdauungsapparat ist jetzt in der Lage, die hochwertigen Nahrungsmittel richtig umzusetzen und zu verwerten.

Ein gesunder Verdauungsapparat verwertet die Nahrung optimal

Frühstück

Sie können aus allen Eiweißzulagen, die bereits erlaubt waren, Ihr Frühstück zusammenstellen. Zusätzlich sind maximal zehn Gramm Butter oder Reformhausmargarine, ein weiches Ei und Quarkaufstriche mit bis zu 30 Prozent Fett im Trockengewicht erlaubt. Die Gesamtmenge aller eiweißhaltigen Produkte sollte jeweils 50 Gramm nicht überschreiten.

Mittagessen

Ihr Mittagessen setzt sich ab jetzt aus Salat, einer Basencremesuppe und einem Hauptgericht zusammen. Die folgenden sieben Gerichte enthalten etwas mehr Ballaststoffe und helfen Ihrem Darm, sich auf normale, vollwertige Kost einzustellen. Sie können aber auch alle Rezepte der dritten Kurwoche wiederholen, die Ihnen besonders gut geschmeckt haben.

Abendessen

Trinken Sie in kleinen Schlucken oder löffeln Sie Ihre bereits gewohnten zwei Tassen Kräutertee mit wenig Zitronen- oder Orangensaft und etwas Honig. Zur Kursemmel dürfen Sie je nach Bedarf bis zu 50 Gramm einer der Eiweißzulagen genießen.

Kräutertee und Kursemmel bleiben die Basis für ein leichtes Abendessen

Die neue Eßkultur beibehalten

Je mehr Sie zur gewohnten Nahrung zurückkehren, desto wichtiger ist das gründliche Kauen und Einspeicheln! Essen Sie deshalb zu weichen Speisen etwas Kursemmel als Kaugrundlage. Vergessen Sie auch die anderen Grundsätze der Eßkultur nicht!

Rezepte zur Kurausleitung

Der Salat als Vorspeise

Salate, angereichert mit kaltgepreßten Pflanzenölen, beinhalten viele Vitamine und eignen sich mittags gut als Vorspeise. Verzichten Sie dagegen abends auf Salate, Obst und Rohkost, da diese Speisen im Darm bei Gärungsvorgängen Fuselalkohole freisetzen und in der Folge sauer statt basisch wirken.

Bunte Blattsalate

Salate am besten mittags essen, denn am Abend belasten sie zu sehr

Grundsätzlich sind alle Blattsalate erlaubt. Verfeinern Sie Ihre Salatkreationen mit frischen Möhrenraspeln und frischen, gehackten Gartenkräutern, wie Petersilie, Estragon, Kresse, Basilikum oder Schnittlauch. Als Abwechslung zum Blattsalat können Sie jetzt auch geschälte, entkernte und in Scheiben geschnittene Gurken wählen. Die Gurke ist, mehr noch als Blattsalat, ein potenter Basenspender.
Zum Anreichern eignen sich kaltgepreßte Öle, wie Distel-, Kürbiskern- oder Olivenöl. Pro Portion sollten ein bis zwei Eßlöffel Öl genügen. Zur Aromatisierung verwenden Sie einige Tropfen echten Gärungsessig, wie Wein- oder Fruchtessig. Nicht geeignet sind denaturierte Industrieprodukte, die chemisch hergestellte Essigsäure enthalten. Meersalz und frisch gemahlener Pfeffer runden den Geschmack ab.

Vorschläge für gesunde Ernährung

Wechseln Sie nach Geschmack zwischen den verschiedenen Rezepten

Sie sollten sich noch mindestens 14 Tage nach Abschluß der neuen F.-X.-Mayr-Kur nach den Rezepten der milden Aufbaukost ernähren. Die folgenden sieben Rezepte müssen nicht in der hier vorgegebenen Reihenfolge eingehalten werden. Sie können auch ein Rezept auslassen und eine andere Speise dafür mehrmals kochen oder – wenn Sie wollen – mit den sieben Rezepten aus der dritten Kurwoche abwechseln.
Sie sollten jedoch nicht öfter als dreimal in der Woche tierisches Eiweiß (Fleisch, Geflügel, Fisch) als Hauptmahlzeit essen. Nach diesen 14 Tagen gehen Sie zu den Rezeptvorschlägen für die Zeit nach der Kur über (→ Seite 128).

Mittagessen am ersten Tag der Kurausleitung

Als Vorspeise: Blattsalat und Basencremesuppe

Zanderfilet mit Dillkartoffeln und Fenchelgemüse

▶ *Was Sie brauchen:*
Für 2 Personen: 300 g Zanderfilet • 250 g Kartoffeln • 2 Fenchelknollen (mittlere Größe) • 1 EL Olivenöl, 20 g Butter • 1/2 Zitrone • frischer Dill, 1 TL Korianderkörner, Meersalz, frisch gemahlener Pfeffer

▶ *So wird's gemacht:*
Fenchel entstielen und die Knollen in Streifen schneiden. In Butter leicht andünsten und den garen Fenchel mit ein paar Tropfen Zitronensaft, 1 TL zerdrückten Korianderkörnern und viel frischgehacktem Dill abschmecken. Die Kartoffeln roh schälen, in Würfel schneiden und dämpfen.
Die küchenfertigen Zanderfilets mit Meersalz und Pfeffer würzen, im Olivenöl kurz auf beiden Seiten anbraten, dann zugedeckt zirka 5 Minuten dünsten. Fenchel, Kartoffeln und Fischfilets gemeinsam appetitlich anrichten und servieren.

Fisch enthält hochwertiges tierisches Eiweiß

Beginnen Sie die Kurausleitung mit einem zartgebratenen Zanderfilet und Fenchelgemüse

Vollwertkost mit Spaghetti aus Hartweizengrieß, basischem Gemüse und Parmesan

Mittagessen am zweiten Tag der Kurausleitung

Als Vorspeise: Blattsalat und Basencremesuppe

Hartweizenspaghetti mit Wurzelgemüse

▶ ***Was Sie brauchen:***

Für 2 Personen: 300 g Spaghetti aus Durum-Hartweizengrieß (Reformhaus) • 100 g Möhren, 100 g Zucchini, 100 g frische Champignons • 100 g Parmesan • 20 g Butter • frische Gartenkräuter (Petersilie oder Oregano) • Meersalz, Muskat und frisch gemahlener Pfeffer

▶ ***So wird's gemacht:***

Spaghetti in viel schwach gesalzenem Wasser (3 bis 5 l) ungefähr 5 bis 8 Minuten kochen. Dann abgießen, kurz mit kaltem Wasser abschrecken und beiseite stellen.

Kaufen Sie Spaghetti, die nur aus Hartweizengrieß bestehen

Das Gemüse putzen, Möhren, Zucchini und Champignons in Scheiben schneiden. Kurz in Butter andünsten, mit Muskat, Salz und Pfeffer würzen und zirka 10 Minuten auf kleiner Flamme garen lassen. Nach 5 Minuten die Spaghetti zu dem Gemüse geben und gemeinsam weiterdünsten. Mit Kräutern abschmecken und geriebenen Parmesan darüberstreuen.

Mittagessen am dritten Tag der Kurausleitung

Als Vorspeise: Blattsalat und Basencremesuppe

Gedämpfte Lachsschnitte auf Blattspinat mit Selleriebasensauce

Der gedämpfte Lachs ist Ihr zweiter Eiweißspender in dieser Woche

▶ *Was Sie brauchen:*
Für 2 Personen: 250 g Lachsfilet • 300 g Kartoffeln • 300 g Blattspinat • 20 g Butter • 1/4 l Milch • Meersalz, frisch gemahlener Pfeffer, Kümmel (ganz und gemahlen), Muskat • Selleriebasensauce (→ Rezept, Seite 97)

▶ *So wird's gemacht:*
Kartoffeln in der Schale 15 bis 20 Minuten im Dampf garen, heiß schälen und mit einer Gabel passieren. Zusammen mit der leicht erwärmten Milch und geriebenem Muskat mit dem Schneebesen zu einem cremigen Püree verrühren. Den Blattspinat andünsten und mit Muskat und Meersalz würzen.
Die küchenfertige Lachsschnitte mit Salz, Pfeffer, Muskat, ganzem und gemahlenem Kümmel marinieren und im Dampftopf zirka 10 Minuten garen lassen. Gemeinsam mit der Selleriebasensauce anrichten und servieren.

Zarte Lachsschnitte mit Kümmel auf Blattspinat, dazu feines Kartoffelpüree und Selleriebasensauce

Ein köstliches Gericht für Kartoffelliebhaber: Rösti mit Apfelstücken und Karottenbasensauce

Mittagessen am vierten Tag der Kurausleitung

Als Vorspeise: Blattsalat und Basencremesuppe

Kartoffel-Apfel-Rösti mit Karottenbasensauce

▶ ***Was Sie brauchen:***
Für 2 Personen: 400 g mehlige Kartoffeln • 1 mittelgroßer Apfel • 1 TL Sonnenblumenöl, 10 g Butterflocken • gerebelter Majoran, Selleriesalz, frische Petersilie • Möhrenbasensauce (→ Rezept, Seite 97)

▶ ***So wird's gemacht:***
Kartoffeln in der Schale dämpfen, etwas auskühlen lassen und mit einer Rösti-Reibe in grobe Stücke hobeln. Den Apfel schälen, entkernen und in zirka 1 cm große Würfel schneiden. Die Möhrenbasensauce vorbereiten und mit Majoran würzen. In einer beschichteten Pfanne Sonnenblumenöl leicht erhitzen und die geriebenen Kartoffeln unter mehrmaligem Wenden leicht bräunen. Die rohen Apfelstücke zugeben, mit Majoran, gehackter Petersilie und Selleriesalz würzen und Butterflocken darübergeben. Zugedeckt 3 bis 5 Minuten garen lassen und zusammen mit der Möhrenbasensauce servieren.

Der Majoran gibt den Kartoffelrösti einen besonderen Geschmack

Mittagessen am fünften Tag der Kurausleitung

Als Vorspeise: Blattsalat und Basencremesuppe

Buntes Gemüse mit Kartoffeln und saurer Sahne

▶ *Was Sie brauchen:*
Für 2 Personen: 200 g Kartoffeln • frisches Gemüse der Jahreszeit, wie 1 Fenchelknolle, 150 g Stangensellerie, 80 g Möhren, 100 g Blattspinat, 1 kleine Aubergine, 2 große Tomaten • 20 g saure Sahne • 40 g Reformfett • Selleriesalz, Pfeffer, Muskat, frische Gartenkräuter (wie Estragon und Dill) • Fenchelbasensauce (→ Rezept, Seite 97)

Variieren Sie das frische Gemüse je nach der Jahreszeit

▶ *So wird's gemacht:*
Kartoffeln in der Schale dämpfen, schälen und warm stellen. Gemüse putzen, in beliebig kleine Stücke schneiden und je nach Garzeit gemeinsam oder einzeln dünsten. Das Fett schmelzen und das Gemüse darin zugedeckt erwärmen. Tomaten häuten, würfeln und dazugeben. Zuletzt mit Kräutern und Gewürzen abschmecken. Das bunte Gemüse mit Kartoffeln, der Fenchelbasensauce und einem Klecks saurer Sahne anrichten.

Ein farbenfrohes basisches Gericht: bunter Gemüseteller mit Fenchelbasensauce und saurer Sahne

Mittagessen am sechsten Tag der Kurausleitung

Als Vorspeise: Blattsalat und Basencremesuppe

Grießauflauf mit eingelegten Dörrpflaumen

Dörrpflaumen sind, wie alles Trockenobst, gut für die Verdauung

▶ ***Was Sie brauchen:***
Für 2 Personen: 150 g Dinkelvollgrieß • 160 g Dörrpflaumen (unbehandelt) • 250 g Quark (10 % Fett im Trockengewicht) • 150 g Butter oder Reformfett • 0,5 l Milch • 0,5 l Wasser • 2 Eigelb, 2 Eiweiß • 1/2 Zimtstange, 2 EL Ahornsirup

▶ ***So wird's gemacht:***
Dörrpflaumen mit Zimt und Ahornsirup über Nacht in kaltes Wasser legen und quellen lassen. Am nächsten Tag 2 Minuten aufkochen und dann abkühlen lassen. Dinkelgrieß in die Milch einrühren, eine Prise Salz zugeben und 1 Minute aufkochen. Die Butter mit einem Mixer schaumig schlagen. Den Quark durch ein feines Sieb passieren, in das schaumige Fett geben und nacheinander Eigelb und Eischnee unterheben. Den Grieß einrühren und die Masse in eine leicht eingefettete Auflaufform füllen. Bei zirka 150 °C im vorgeheizten Backofen etwa 30 Minuten backen. Mit den Dörrpflaumen servieren.

Nicht zu süß und sehr gesund: ein Auflauf aus Dinkelgrieß mit Dörrpflaumen, Sirup und Zimt

Für einen ausgeglichenen Säure-Basen-Haushalt: Perlhuhnbrüstchen mit basischem Gemüse und Dinkelnudeln

Mittagessen am siebten Tag der Kurausleitung

Als Vorspeise: Blattsalat und Basencremesuppe

Perlhuhn im Gemüse-Nudel-Topf

▶ *Was Sie brauchen:*
Für 2 Personen: 300 g Perlhuhnbrust • 120 g Dinkelbandnudeln • 150 g Möhren, 150 g Sellerieknolle, 200 g Brokkoliröschen, 1 kleine Stange Lauch • 1/2 l Basenbrühe • 2 EL saure Sahne • 1/4 l Weißwein • 1 Rosmarinzweig, 2 Lorbeerblätter, 5 Pimentkörner, Gartenkräuter (Petersilie und Estragon), Meersalz, frisch gemahlener Pfeffer

▶ *So wird's gemacht:*
Die Basenbrühe mit Weißwein und Gewürzen in einer Kasserolle kurz aufkochen. Perlhuhnstücke einlegen und zugedeckt 15 Minuten sieden lassen. Das geputzte Gemüse in ganzen Stücken zugeben und mit dem Perlhuhn weitere 15 Minuten sieden. Das Gemüse herausnehmen, in Stücke schneiden und wieder hineingeben. Inzwischen die Nudeln in leicht gesalzenem Wasser garen. Den Saucenfond aus der Kasserolle mit saurer Sahne verfeinern und Huhn, Gemüse und Nudeln zusammen servieren.

Weißwein, Gewürze und Sahne verfeinern dieses Gericht

PEARS
deloro
OBST

Gesund leben nach der Kur

Gesund leben, Ihre natürliche Schönheit bewahren, fit und vital bleiben bis ins hohe Alter: Den ersten Schritt dazu haben Sie mit der neuen F.-X.-Mayr-Kur getan. Ihre Sinne sind gestärkt und die Geschmacksreflexe wieder vollkommen funktionsfähig. Ab jetzt heißt es, die wiedergewonnene Gesundheit zu bewahren! Das bedeutet: Gifte vermeiden, gesunde Nahrungsmittel vollwertig kochen und mit Eßkultur genießen, optimal verdauen und damit ein Maximum an Vitalstoffen aus der Nahrung für den Körper verwerten.

Lebensqualität nach Dr. F. X. Mayr beginnt mit »Gesundheit an der Wurzel«. Besinnen Sie sich von Zeit zu Zeit auf Ihre inneren Wurzeln im Darm. Nützen Sie die durch die neue Lebensweise wiedergewonnenen Energien und entfalten Sie Ihr Leben, wie der gesunde Baum seine Blätter.

Gesundheit steht an erster Stelle

Die Heilprinzipien von Dr. F. X. Mayr in den Alltag übernehmen

Sie haben in den letzten Wochen erfahren, daß die naturgemäße Darmreinigung nach Dr. F. X. Mayr eine ausgezeichnete Vorbeugung gegen viele Erkrankungen und Beschwerden ist. Gleichzeitig ist sie die sicherste Möglichkeit, die natürliche Vitalität, Jugend und Schönheit zu erhalten. Denn nur das eigene Bemühen sichert die eigene Gesundheit.

Die vier »S« im Alltag

Schonung, Säuberung, Schulung und Substitution waren die vier Heilprinzipien, mit denen Sie Ihre Verdauung gesundgepflegt haben. Die vier »S« der neuen F.-X.-Mayr-Kur helfen Ihnen auch im Alltag, ein gesünderes und aktiv erfülltes Leben zu führen.

Schonung

Gehen Sie schonend mit der neugewonnenen Lebenskraft um

Schonung ist ein Begriff, der in unserer berufs- und freizeitorientierten Leistungsgesellschaft kaum einen Platz hat. Dabei sind Pausen, Rückzugsmomente, Auf- und Durchatmungsphasen und vor allem ein regelmäßiger und ausreichender Schlaf lebenswichtig. Sie dienen als wichtigste Quelle zur Erneuerung der Lebenskräfte. Sie sind unabdingbar, um gute Leistungen zu erbringen und dabei gesund zu bleiben. Beobachten Sie erfolgreiche Persönlichkeiten aus Politik, Sport, Wissenschaft oder Religion. Trotz voller Terminkalender nehmen viele dieser Menschen Rücksicht auf sich selbst, indem sie regelmäßige Erholungsphasen einplanen und einhalten.

Sich erholen statt aufputschen

Sich schonen heißt, einen Schritt zur Seite treten, Abstand nehmen und neue Spannkraft für den Alltag gewinnen. Unser Organismus signalisiert durch Müdigkeit, wenn er eine solche

Pause benötigt. Vermeiden Sie es, den Wunsch Ihres Körpers durch übermäßige Willensanstrengung oder das Konsumieren von Genuß- und Suchtmitteln, wie Kaffee, Nikotin, Alkohol oder Medikamente, zu übertönen. Nutzen Sie besser Entspannungstechniken, wie Yoga und Autogenes Training, oder Sport und Bewegung, um neue Kraft zu schöpfen.

Planen Sie regelmäßige Erholungsphasen in Ihren Alltag ein: Bewegung an frischer Luft, Sport und Entspannung gehören dazu

Säuberung

Säuberung im Sinne der Körperhygiene wird in der westlichen Welt als Standard angesehen. Daß unsere Lebenserwartung heute doppelt so hoch liegt wie noch zu Beginn dieses Jahrhunderts, ist in erster Linie ein Verdienst der Hygiene, die in allen Lebensbereichen Einzug gehalten hat.
Doch tägliches Waschen genügt nicht. Der Körper sollte auch innerlich saubergehalten werden. Säuberung bedeutet auch: viel trinken (Wasser, Mineralwasser und Tees), auf eine regelmäßige Entleerung des Darms achten und das natürliche Ausdünsten und Schwitzen über die Haut unterstützen. Dazu gehören auch die Vermeidung verschlackender Nahrungsmittel (→ Tabelle, Seite 127) und die Versorgung mit frischer, unbelasteter Luft, was für einen Großstadtmenschen nicht einfach ist. Täglich einen einstündigen Spaziergang an frischer Luft forderte bereits Dr. F. X. Mayr von seinen Kurpatienten.

Schulung

Körperlicher und geistiger Ausgleich zu einseitigen Tätigkeiten

Schulung im Alltag heißt, einseitige Tätigkeiten auszugleichen. Kaum ein Beruf sorgt für eine gleichmäßige Belastung der gesamten Muskulatur und der Sinne. Ganze Muskelgruppen können daher verkümmern und die Funktion des Organismus beeinträchtigen. Versuchen Sie, durch gezielte Freizeitgestaltung solche Defizite auszugleichen. Besonders gut eignen sich Schwimmen, zügiges Wandern, Langlaufen und Radfahren. Wettkampf-Sportarten, wie Ballspiele, helfen Reflexe und Sinne fit zu halten und dienen einem friedlichen Aggressionsabbau. Schulung bedeutet schließlich auch, seinen Geist mit neuen Inhalten, wie Sprachen lernen, oder intellektuellen Herausforderungen, wie Schach- oder Skatspielen, rege zu halten.

Substitution

Wenn Sie sich an die Rezepte und die in diesem Buch angegebene Zubereitungsweise halten, ernähren Sie sich ausgewogen. Es werden keine Mangelerscheinungen auftreten, die ausgeglichen werden müßten. Leider sind aber durch Umweltverschmutzung und Überzüchtung heute viele Lebensmittel denaturiert, so daß sie nicht mehr den vollen Nährstoffgehalt aufweisen. Es ist deshalb durchaus sinnvoll, wenn Sie von Zeit zu Zeit bestimmte Nährstoffe in Form eines Präparates oder Nahrungsergänzungsmittels einnehmen. Nutzen Sie die Erkenntnisse der Orthomolekularen Medizin (→ Seite 147), um eine effektive Substitution zu erzielen. Welche Nährstoffe in Ihrer Nahrung vermindert sein könnten, besprechen Sie am besten mit Ihrem Mayr-Arzt.

Nährstoffe nur ergänzen, wenn sie wirklich fehlen

Nehmen Sie ruhig von Zeit zu Zeit etwas Basenmittel ein, um den Säure-Basen-Haushalt Ihres Organismus zu unterstützen. Sinnvoll ist die Einnahme von Basenmitteln auch, wenn Sie eine fremde Küche genießen, wie im Urlaub oder an Festtagen.

Fasten Sie regelmäßig

So selbstverständlich wie wir uns täglich waschen oder jährlich zum Zahnarzt gehen, so selbstverständlich sollten wir regelmäßig und gezielt unseren Verdauungstrakt pflegen. Schließlich beziehen wir aus der »Wurzel Darm« die gesamte Energie für unser Leben. Ein (Tee-)Fastentag in der Woche beispielsweise ermöglicht dem Darm, schädliche Stoffe regelmäßig abzubauen und auszuscheiden.

Seinem Körper einmal im Jahr etwas Gutes tun

Die meisten Menschen, die die neue F.-X.-Mayr-Kur einmal durchgeführt haben, wiederholen im Ein- bis Zweijahresrhythmus dieses einfache und effiziente Heilverfahren. Planen Sie jedes Jahr die Durchführung einer Kur ein, wenn möglich gemeinsam mit Ihrem Partner oder Ihrer Familie.

Die medizinischen Grundlagen der Schon- und Reinigungskur nach Dr. F. X. Mayr lassen sich auch problemlos mit den Fastenvorschriften der großen Religionen verbinden, die seit Jahrtausenden das Fasten als Weg zu seelischem und körperlichem Heil pflegen.

Neun Regeln für gesunde Nahrungsmittel

Das ist gesund	Das sollten Sie vermeiden
Alle Vollkornbrote und -produkte, ungeschälter Reis, Vollwertteigwaren, Kartoffelgerichte; in Maßen Fruchtzucker, Honig, Fruchtdicksäfte (Birne, Ahorn), Süßstoff	Fabrikzucker und Weißmehl (raffinierte Kohlenhydrate): alle Süßigkeiten, Schleckereien, Süßspeisen, Marmelade, auch brauner Zucker
Höchstens dreimal wöchentlich tierisches Eiweiß; Faustregel: 1 g reines Eiweiß (= zirka 3 g Eiweißprodukte) pro kg Körpergewicht am Tag genügt	Zu viel tierisches Eiweiß durch zu häufigen Verzehr von Eiern, Fleisch, Fisch und Käse
Kaltgepreßte Öle für alle Speisen unter 60 °Celsius, sparsam pflanzliches Fett	Zu viel Fett, besonders tierische Fette (Ausnahme: sparsamer Verbrauch von Butter)
Weißer Fisch, Putenwurst, Rindersaftschinken, weißes Hühnerfleisch (dämpfen, dünsten oder kochen ist gesünder als braten oder backen)	Schweinefleisch und Wurstwaren; auch alles Gebackene, Fritierte und Panierte
Tagsüber mäßig Obst und Salate (letzte Rohkostmahlzeit spätestens zwischen 17.00 und 18.00 Uhr)	Zuviel Rohkost, besonders abends (Obst, rohes Gemüse und Fruchtsäfte können zur Gärung im Darm führen)
Je nach Verträglichkeit leicht belastende Speisen in Maßen	Schwerverdauliche Kost, die Sie schon vor der Kur nicht gut vertragen oder als belastend empfunden haben (schwere, frische Brote, grobe Vollkornprodukte, Kraut)
Viel kalorienarme oder -freie Flüssigkeit (Wasser, Mineralwasser, Kräutertees)	Zuckerhaltige Limonaden
In Maßen Bier und Wein, Malzkaffee, Schwarztee und Grüner Tee	Genußmittel, wie mehr als eine Tasse Bohnenkaffee am Tag, konzentrierter Alkohol, Nikotin
Nebenwirkungsfreie, pflanzliche, orthomolekulare oder homöopathische Arzneimittel	Medikamente ohne ärztliche Verschreibung, vor allem chemische Arzneimittel

Die gesunde Küche

Vollwertig kochen im Alltag

Die folgenden sieben Mittagsgerichte schließen an die milde Aufbaukost an. Wenn Sie alle Rezepte einmal gekocht haben, werden Sie die wichtigsten Grundsätze der gesunden Küche verstehen. Bestimmt können Sie dann selbst entsprechende Speisen zusammenstellen und zubereiten. Verwenden Sie immer frische, natürliche Produkte. Die Tabelle auf Seite 127 hilft Ihnen, die richtigen Grundnahrungsmittel auszuwählen. Sorgen Sie durch eine schonende Zubereitung mit geringer Hitze für den Erhalt der wertvollen Inhaltsstoffe. Salz wird sparsam verwendet und möglichst durch den Einsatz von Gewürzen und Kräutern ersetzt. Zum Braten und Grillen genügen wenige Gramm eines hochwertigen pflanzlichen Öls oder Fettes. Mit der richtigen Vorspeise und den entsprechenden Beilagen schaffen Sie spielend ein optimales Säure-Basen-Verhältnis.

Mit natürlichen, frischen Lebensmitteln gelingt die vollwertige Küche

Die gesunde Küche – erstes Mittagsgericht

Vorspeisen: Salat und Basencremesuppe

Bereiten Sie Salat und Basencremesuppe stets frisch zu. Für die tägliche Suppe gibt es schier unendlich viele Variationsmöglichkeiten.

Bleiben Sie bei der Basencremesuppe als täglicher Vorspeise

Hauptmahlzeit: Spinatknödel als Vollwertgericht

▶ *Was Sie brauchen:*
Für 2 Personen: 250 g Kartoffeln • 75 g Weizenbrot • 200 g Spinat • 50 g Vollweizen- oder Dinkelmehl • 2 Eier • 1 Knoblauchzehe • Selleriesalz, frisch gemahlener Pfeffer, Muskat
▶ *So wird's gemacht:*
Die Kartoffeln in der Schale gar kochen, heiß schälen und mit einer Gabel passieren. Weizenbrot entrinden und in kleine Würfel schneiden. Den Spinat kurz dünsten, passieren und gut

Spinatknödel sind ideal als Hauptgericht mit Pilzragout in Sauerrahm oder als Einlage für eine feine Gemüsesuppe

auspressen. Die Kartoffelmasse mit den Brotwürfeln, der Spinatmasse und den Eiern gut verrühren und mit Knoblauch, Selleriesalz, Pfeffer und Muskat abschmecken. Eventuell etwas Mehl zugeben.

Die Masse zirka 15 Minuten quellen lassen, einen Probeknödel formen und in siedendem, leicht gesalzenem Wasser gar ziehen lassen. Ist der Probeknödel gelungen, dann Spinatknödel von zirka 80 g ausformen und 15 Minuten vor dem Servieren in siedendem, leicht gesalzenem Wasser garen.

Als Hauptgericht können Sie dazu ein Pilzragout mit saurer Sahne oder eine Basensauce mit Kapern servieren. Nach Geschmack mit frisch geriebenem Parmesan oder etwas zerlaufener Butter verfeinern.

Probieren Sie als Variante eine Basensauce mit Kapern dazu

Tip

Nocken aus dem Dampftopf

Die Spinatknödel gelingen auch im Dampfkochtopf sehr gut. Wenn es einmal keine Knödelform sein soll: einfach mit zwei Eßlöffeln kleine Nocken formen, zum Beispiel als Einlage für eine feine Gemüsesuppe.

Die gesunde Küche – zweites Mittagsgericht

Vorspeisen: Salat und Basencremesuppe

Die Basencremesuppe bietet unendliche Variationsmöglichkeiten

Bereiten Sie, je nach jahreszeitlichem Angebot, Salat und Basencremesuppe frisch zu. Kombinieren Sie Lauchgewächse, wie Porree, mit den verschiedenen Kohlsorten oder Wurzelgemüsen, wie Rüben, Sellerie, Brokkoli, Zucchini, Spinat, Mangold, Spargel und greifen Sie auf die Vielfalt an frischen Gewürzen und Kräutern zurück.

Hauptmahlzeit: Folienforelle mit Kräutern gefüllt und Champignon-Kartoffeln

▶ ***Was Sie brauchen:***
Für 2 Personen: 350 g Forellenfilet mit Haut (2 Forellen = 4 Filets) • 200 g Kartoffeln • 150 g Champignons • 250 g Salatgurke • 1 Zitrone • 10 g Butter, 1 EL Mais- oder Sonnenblumenöl • 4 frische Salbeiblätter, frische Petersilie, 1 Bund frische Dillzweige, Rosmarinnadeln, Selleriesalz, Meersalz, frisch gemahlener Pfeffer

Mit vielen frischen Kräutern gefüllt und in Folie gedämpft wird der Fisch besonders aromatisch. Dazu gibt es Gurkengemüse und kleine Kartoffeln

▶ *So wird's gemacht:*
Je 2 küchenfertige Forellenfilets auf ein Stück leicht eingebutterte Alufolie, zirka 20 mal 20 cm, mit der Haut nach unten auflegen und mit Meersalz, Pfeffer und Zitronensaft würzen. Frische Kräuter, wie Salbei, Petersilie und Dill, reichlich auflegen, wenig Rosmariennadeln darüberstreuen. Dann die Alufolie zusammenfalten, so daß die beiden Filets übereinanderliegen, und am Rand mehrfach so falzen, daß die Folie dicht verschließt.

Die Alufolie dicht verschließen, dann bleibt der Fisch schön saftig

Aus den geschälten Kartoffeln kleine Kugeln ausstechen und in leicht gesalzenem Wasser gar kochen. Champignons zur Vorbereitung entstielen, vierteln und beiseite stellen.
Die Gurken waschen, der Länge nach halbieren und das Kerngehäuse entfernen. Die Gurkenhälften in zirka 6 cm lange Stücke teilen und die Stücke in je 2 bis 4 Stifte schneiden. Gurken mit Mais- oder Sonnenblumenöl in einer Pfanne kurz andünsten. Reichlich Dill abzupfen, waschen und kleinschneiden. Den Dill zum Gurkengemüse geben, das ganze zudecken und warm stellen.
Nun die Fischfilets in der Folie im Dampfkochtopf zirka 10 Minuten garen. Die Champignons kurz mit Mais- oder Sonnenblumenöl in einer Pfanne schwenken. Die gegarten, abgetropften Kartoffelkugeln dazugeben und mit Salz und Pfeffer abschmecken. Die aufgeblähte Folie mit den gegarten Fischfilets aus dem Dämpfer nehmen und auf ein Brett legen. Dillgurkengemüse, Kartoffeln und Champignons gemeinsam auf flachen Tellern anrichten.

Servieren am Tisch

Öffnen Sie die Folie mit den gegarten Fischfilets erst am Tisch, mit zwei Schnitten. Das herrliche Aroma der gedämpften Kräuter gehört zu diesem schmackhaften Fischmenü einfach dazu! Geben Sie die Forellenfilets dann auf die vorgewärmten, flachen Teller, auf denen schon das Gemüse und die Champignonkartoffeln angerichtet sind.

Champignons und Kartoffeln ergeben zusammen eine wunderbare basische Beilage

Die gesunde Küche – drittes Mittagsgericht

Vorspeisen: Salat und Basencremesuppe

Bereiten Sie Salat und Basencremesuppe frisch zu. Um einen besonders feinen Geschmack zu erzielen, dünsten Sie das Gemüse vorher kurz in Butter an.

Hauptmahlzeit: Gefüllte Kartoffelroulade

Kartoffelliebhaber werden begeistert sein: eine würzige Roulade aus Kartoffelteig

▶ ***Was Sie für den Teig brauchen:***
Für 2 Personen: 150 g mehlige Kartoffeln • 40 g gemahlener Vollweizen oder Dinkelmehl • 1 Eigelb • 2 EL saure Sahne • 10 g Butter • Muskat, Oregano, Selleriesalz und frische Gartenkräuter

▶ ***Was Sie für die Füllung brauchen:***
Für 2 Personen: 100 g Blattspinat oder 100 g Mangoldblätter oder 100 g Rindersaftschinken

▶ ***So wird's gemacht:***
Die in der Schale gar gedämpften Kartoffeln schälen und noch warm fein passieren. Die Kartoffelmasse mit saurer Sahne, Eigelb, Vollweizen- oder Dinkelmehl zu einem geschmeidigen und festen Kartoffelteig kneten und mit Muskat, Oregano und Selleriesalz würzen. Den Teig auf Frischhaltefolie (damit er nicht am Tisch klebt) etwa 2 cm dick zu einem Rechteck ausrollen.

Nur als Beilage viel zu schade – Kartoffeln schmecken in allen Variationen

Für die Füllung Spinat oder Mangold blanchieren und ausdrücken. Der Schinken sollte fein geschnitten sein. Die vorbereitete Füllung auf den Teig legen und diesen zu einer Roulade zusammenrollen. Die Roulade in leicht eingebutterte Alufolie (oder in ein feuchtes Küchentuch) einwickeln. Die derart verpackte Roulade im Dampfkochtopf zirka 30 Minuten garen lassen. Die fertige Roulade aus der Folie nehmen und mit zerlaufener Butter bestreichen. Zuletzt reichlich frische Gartenkräuter hacken und die Roulade damit bestreuen.

Tip

Der Phantasie sind keine Grenzen gesetzt

Für Kartoffelteig und Füllung gibt es viele Geschmacksvarianten, die sie sich selbst ausdenken können. Probieren Sie zum Beispiel Kartoffelteig mit kleingehackten Nüssen, wie Pinien-, Walnuß- oder Mandelkernen. Füllen Sie die Roulade mal würzig mit Lauch oder selbstgemachter Kräuterpaste, mal mild mit Pilzragout oder herzhaft mit Putenschinken.

Probieren Sie selbst verschiedene Füllungen aus

Vollwertgericht oder basische Beilage

Dieses Vollwertgericht eignet sich ohne weiteres als eigenständige Mahlzeit zum Mittag- oder Abendessen. Servieren Sie dazu eine frische Basensauce nach Ihrem Geschmack (→ Rezept, Seite 97) oder gedämpftes Gemüse je nach Jahreszeit.
Die Kartoffelroulade paßt aber auch gut als basische Beilage zu Fleisch- und Geflügelgerichten, damit der Säure-Basen-Haushalt stimmt.
Bleibt einmal etwas übrig, schmeckt die Kartoffelroulade ganz vorzüglich, wenn sie in Scheiben geschnitten und dann in wenig Fett leicht angeröstet wird.

Die gefüllte Kartoffelteigroulade ist ein Schmaus für Augen und Magen – als Hauptgericht mit Gemüse oder als Beilage zum Fleisch

Die gesunde Küche – viertes Mittagsgericht

Vorspeisen: Salat und Basencremesuppe

Nutzen Sie das Gemüseangebot passend zur Jahreszeit

Bereiten Sie, wie jeden Tag, eine Basencremesuppe und einen Salat frisch zu. Nutzen Sie dazu vor allem das unseren Jahreszeiten entsprechende Angebot an Gemüse und Salat. Kaufen Sie möglichst keine Gewächshausware.

Hauptmahlzeit: Gebratene Edelfische mit mariniertem Jungspinat

▶ ***Was Sie brauchen:***
Für 2 Personen: 80 g Seezungenfilet, 80 g Lachsfilet, 80 g Zanderfilet, 80 g Forellenfilet • 200 g junge Spinatblätter • 300 g Kartoffeln, 100 g Tomaten, 120 g Möhren • 10 g Butter • 60 g Sonnenblumenkerne oder Walnußkerne • Fenchelbasensauce (→ Rezept, Seite 97) • ½ Zitrone • Olivenöl, Johannisbeer-Essig • Meersalz, frisch gemahlener Pfeffer, einige Safranfäden (oder gemahlenen Safran)

▶ ***So wird's gemacht:***

Die Filets von verschiedenen Edelfischen vor dem Anbraten mit Zitronensaft, Salz und Pfeffer marinieren

Die küchenfertigen Fischfilets mit Salz, Pfeffer und Zitronensaft beidseitig gut würzen und vorläufig beiseite stellen. Spinatblätter entstielen, waschen und gründlich abtropfen lassen. Ältere und größere Blätter blanchieren. Konnten Sie tatsächlich jungen Spinat bekommen, diesen nicht blanchieren, sondern frisch verwenden.

Die Sonnenblumenkerne kurz für 1 bis 2 Minuten in einer beschichteten Pfanne (ohne Fett) erwärmen und dann gut auskühlen lassen. Kartoffeln roh schälen, in zirka 2 cm dicke Scheiben schneiden und im Dampftopf etwa 20 Minuten garen. Die Möhren mit einer Bürste abreiben oder schälen, in Scheiben schneiden und in Butter dünsten. Die Fenchelbasensauce rechtzeitig vorbereiten.

Eine besondere Kreation: gebratene Edelfische auf jungen Spinatblättern mit Johannisbeer-Essig, garniert mit Sonnenblumenkernen

Die Tomaten für 1 Minute in kochendes Wasser geben, häuten und in Hälften schneiden. Die Kerne entfernen und das Fruchtfleisch in Würfel schneiden. Die Tomatenwürfel zu den Möhren geben, darunterheben und warm stellen.
Die Fischfilets in einer beschichteten Pfanne mit Olivenöl kurz beidseitig anbraten, zudecken und bei geringer Hitze für rund 10 Minuten garen.
Den Spinat auf den Serviertellern flach verteilen und mit Olivenöl und Johannisbeer-Essig beträufeln. Auf den Spinatblättern die fertigen Fischfilets anrichten und mit Gemüse und Sonnenblumenkernen hübsch garnieren. Die Kartoffeln mit der Fenchelbasensauce auf Extratellern servieren.

Nüsse schmecken viel intensiver, wenn sie in einer Pfanne kurz erhitzt werden

Tip

Variationen sind immer erlaubt

Als Alternative zum Spinat eignen sich auch blanchierter Löwenzahn oder frischer Kopfsalat. Statt der Sonnenblumenkerne können Sie auch Walnüsse verwenden. Die Walnußkerne werden zerkleinert und genauso kurz in einer beschichteten Pfanne erwärmt.

Als Vollwertgericht oder köstliche Beilage: geröstete Polentaschnitten mariniert mit Kürbiskernöl und einem Tropfen Balsamico-Essig

Die gesunde Küche – fünftes Mittagsgericht

Vorspeisen: Salat und Basencremesuppe

Bereiten Sie, je nach jahreszeitlichem Angebot, Salat und Basencremesuppe frisch zu.

Hauptmahlzeit: Marinierte Polentaschnitte

▶ *Was Sie brauchen:*
Für 2 Personen: 125 g Polenta (= Maisgrieß) • 0,25 l Basenbrühe • 1 Eigelb • 20 g Butter • Kürbiskernöl, Balsamico-Essig • frische Gartenkräuter (wie Petersilie, Kerbel, Estragon) • 1 Lorbeerblatt, Meersalz, Muskat

Italienischer Balsamico-Essig erhält sein typisches Aroma durch die Lagerung in Holzfässern

Tip

Variante mit Parmesan

Als köstliche Variante können Sie die Polentaschnitten auch mit frischgeriebenem Parmesan bereichern. Dazu mischen Sie rund 50 g frischgeriebenen Parmesan unter den Maisgrieß, bevor Sie ihn in die Kastenform pressen.

▶ *So wird's gemacht:*
Den Maisgrieß (Polenta) in einen Topf geben und kurz (1 bis 2 Minuten) trocken erwärmen. Mit Wasser oder Basenbrühe auffüllen, mit Lorbeerblatt, Salz und Muskat würzen und auf kleinster Flamme zirka 15 Minuten quellen lassen. Dabei gelegentlich umrühren und den Topf wieder zudecken. Den gequollenen Maisgrieß kurz abkühlen, mit Butterflocken, Eigelb und den gehackten Gartenkräutern vermengen und in eine Kastenform pressen. Die Form wieder stürzen und die Masse in rund 3 cm dicke Scheiben portionieren. Die Scheiben in einer beschichteten Pfanne für 1 bis 2 Minuten auf beiden Seiten anbraten. Kurz vor dem Servieren mit einigen Tropfen Balsamico-Essig und ein wenig Kürbiskernöl marinieren.

Das schmackhafte Kürbiskernöl aus der Steiermark ist eine Bereicherung für die gesunde Küche

Ein vielseitiges Gericht

Eine Polenta läßt sich gut vorbereiten und eignet sich auch als Beilage zu Fleischgerichten oder Wildragouts. Servieren Sie die leicht marinierten Polentaschnitten auch abends zu gegarten Gemüsen der Saison.

Lassen Sie sich überraschen: Möhren schmecken auch als Süßspeise

Nachspeise: Möhren-Honig-Creme

▶ *Was Sie brauchen:*
Für 2 Personen: 75 g Möhren • 1/4 l Möhrensaft • 25 g geriebene Haselnüsse • 25 g Honig • 3 Blatt Gelatine • 100 g süße Sahne • etwas Zitronensaft, Meersalz

▶ *So wird's gemacht:*
Die Gelatine zirka 5 Minuten in kaltem Wasser einweichen und dann in einer kleinen Schale im warmen Wasserbad auflösen. Die Möhren fein raspeln, im Möhrensaft kurz aufkochen, dann abkühlen lassen. In der Zwischenzeit die Schlagsahne steif schlagen. Geriebene Haselnüsse, Honig, etwas Zitronensaft und eine Prise Salz gut mit der Möhrenzubereitung vermischen. Dann die aufgelöste Gelatine beifügen und gut umrühren. Zum Schluß die Schlagsahne luftig unterheben. In Gläser füllen und mindestens 3 Stunden kühl stellen.

Die gesunde Küche – sechstes Mittagsgericht

Vorspeisen: Salat und Basencremesuppe

Bereiten Sie, je nach jahreszeitlichem Angebot, Salat und Basencremesuppe frisch zu.

Hauptmahlzeit: Zucchinihälften gefüllt mit Auberginenragout

Statt Auberginen können Sie auch Pilze für das Ragout wählen

▶ ***Was Sie brauchen:***
Für 2 Personen: 300 g Zucchini (grüne oder gelbe), 2 mittelgroße Auberginen, 100 g Tomaten • 200 g Kartoffeln • 100 g Tofu • 50 g saure Sahne • $^1/_2$ Zitrone • 2 EL Olivenöl • frischer Schnittlauch, 1 kleine Knoblauchzehe • Meersalz, frisch gemahlener Pfeffer

▶ ***So wird's gemacht:***
Auberginen kalt waschen, der Länge nach in 2 Hälften teilen, im Backofen zirka 20 Minuten bei 150 °C backen und anschließend das Fruchtfleisch aus der Schale schaben. Zucchini waschen, der Länge nach halbieren und das Kerngehäuse so

Eine Freude für Augen und Gaumen: Zucchini-Schiffchen gefüllt mit buntem Gemüseragout

entfernen, daß ein Hohlraum entsteht. Die Zucchinihälften in leicht gesalzenem Wasser blanchieren, dann für 1 bis 2 Minuten sehr kernig kochen, kurz mit kaltem Wasser abschrecken und abtropfen lassen.
Die Tomaten schälen und würfeln, den Tofu ebenfalls in Würfel schneiden. Das ausgeschabte Auberginen-Fruchtfleisch mit saurer Sahne, Olivenöl, Zitronensaft, Tomatenstücken, Tofuwürfeln und der kleingeschnittenen Knoblauchzehe vermischen und mit Salz und Pfeffer abschmecken. Frischen Schnittlauch nach Wunsch beifügen.
Die Gemüsefüllung in die vorbereiteten Zucchinihälften füllen und diese auf ein leicht geöltes Backblech legen. Im vorgeheizten Backofen bei 150 °C rund 20 Minuten überbacken. Zusammen mit gedämpften Kartoffeln servieren.
Als Alternative zu den Auberginen bieten sich Steinpilze oder Champignons an. Statt dem Tofu können Sie auch gedünsteten, ungeschälten Basmatireis wählen.

Dazu paßt auch gedünsteter Basmatireis als Beilage

Nachspeise: Himbeercreme

Ein Genuß für Schleckermäuler: Beerencreme mit Vanillejoghurt und Honig

▶ ***Was Sie brauchen:***
Für 2 Personen: 0,3 l Vanille-Naturjoghurt • 0,2 l gekochtes Himbeermark • 2 EL Honig • 4 Blatt Gelatine • etwas Zitronensaft

▶ ***So wird's gemacht:***
Die Gelatine zirka 5 Minuten in kaltem Wasser einweichen und dann in einer kleinen Schale im warmen Wasserbad auflösen. Joghurt, Beerenmark, Honig und Zitronensaft gut vermischen und die aufgelöste Gelatine beifügen. Gut umrühren, in Gläser füllen und mindestens 3 Stunden lang kühl stellen. Statt der Himbeeren können Sie natürlich auch je nach Jahreszeit alle anderen Beerenfrüchte verwenden, wie Erdbeeren, Brombeeren oder auch Heidelbeeren.

Entrecôte-Roulade in Senfsauce mit Dillbohnen und kleinen Kartoffeln: eine herzhafte, aber durchaus gesunde Mahlzeit

Die gesunde Küche – siebtes Mittagsgericht

Vorspeisen: Salat und Basencremesuppe

Bereiten Sie, je nach jahreszeitlichem Angebot, Salat und Basencremesuppe frisch zu.

Hauptmahlzeit: Entrecôte-Roulade in Senfkornsauce mit Dillbohnengemüse

Achten Sie beim Metzger auf mageres Fleisch und mageren Schinken

▶ ***Was Sie brauchen:***
Für 2 Personen: 240 g mürbes Zwischenrippenstück vom Rind • 80 g magerer Puten- oder Rindersaftschinken • 250 g grüne Bohnen, 250 g Kartoffeln • 60 g Gewürzgurken • 2 EL Maisöl, 10 g Butter • milder Dijonsenf • frische Dillzweige, Thymiankraut • Meersalz, frisch gemahlener Pfeffer • Holzspieße • Selleriebasensauce mit Senfkörnern und Dijonsenf (→ Rezept, Seite 97)

▶ ***So wird's gemacht:***
Die 2 dünn geklopften Entrecôtes vom Rind flach auf 2 Teller legen. Mit einem Pinsel dünn mit Dijonsenf bestreichen, leicht pfeffern und den Thymian darüberstreuen. Auf diese Schicht

die feinen Schinkenscheiben und die in dünne Scheiben geschnittenen Gewürzgurken legen. Das Fleisch wie eine Roulade gut einrollen. Die beiden Fleischrollen mit einem scharfen Messer jeweils in 4 bis 5 flache Medaillons schneiden und diese auf Holzspieße aufstecken.

Die Kartoffeln roh schälen, mit einem Ausstecher kleine Kugeln ausstechen und in leicht gesalzenem Wasser etwa 15 Minuten gar kochen.

Das Fleisch auf beiden Seiten mit Maisöl kurz anbraten, dann zugedeckt bei geringer Hitze zirka 10 Minuten gut durchziehen lassen.

Die Selleriebasensauce rechtzeitig nach Rezept (→ Seite 97) zubereiten und mit einigen Senfkörnern und mildem Dijonsenf abschmecken.

Die bereits blanchierten Bohnen in einer kleinen Pfanne mit Butterflocken und Dill erhitzen und durchschwenken. Fleischmedaillons, geschwenkte Bohnen, Kartoffelkugeln und Selleriebasensauce zusammen anrichten und servieren.

Aus der bewährten Basensauce wird mit etwas Dijonsenf eine würzige Senfsauce

Nachspeise: Bananen-Zimt-Creme

▶ *Was Sie brauchen:*

Für 2 Personen: 120 g weiße Schokolade (Diätschokolade) • 0,3 l Vanille-Naturjoghurt • 1 Banane • 2 Blatt Gelatine • gemahlener Zimt

▶ *So wird's gemacht:*

Schokolade im Wasserbad aufschmelzen. Das Joghurt zusammen mit der Banane und der geschmolzenen Schokolade im Mixer fein mixen und mit Zimt abschmecken.

Die Gelatine zirka 5 Minuten in kaltem Wasser einweichen und dann in einer kleinen Schale im warmen Wasserbad auflösen. Die aufgelöste Gelatine unter die Masse rühren. Die fertige Creme in Gläser füllen und für mindestens 3 Stunden kühl stellen.

Weiße Diätschokolade ist ausnahmsweise zur Nachspeise erlaubt

Therapien, die weiterhelfen

Sie können den Erfolg Ihrer neuen F.-X.-Mayr-Kur noch weiter steigern, wenn Sie ergänzende Therapieverfahren für sich selbst nutzen. Das können klassische Naturheilverfahren oder Methoden der Komplementär- oder Alternativmedizin sein, sofern sie den Heilprinzipien der Mayr-Medizin entsprechen. Dr. F. X. Mayr behandelte seine Kurgäste nach seiner eigenen Methode und gemäß bewährter, anerkannter Heilverfahren, wie den Therapien von Pfarrer Sebastian Kneipp. Die neue F.-X.-Mayr-Kur nutzt zusätzlich auch aktuelle schul- und komplementärmedizinische Entwicklungen. Wählen Sie, mit welcher Therapie Sie zu Hause, zusammen mit Ihrem Mayr-Arzt oder in einer Kurklinik die Heilwirkung Ihrer neuen F.-X.-Mayr-Kur noch unterstützen möchten.

Den Kurerfolg unterstützen

Methoden der Schul-, Komplementär- und Alternativmedizin

Die Mayr-Kur ist ein Weg zur Gesundung für den ganzen Körper

Sie haben Diagnose und Therapie nach Dr. F. X. Mayr als Weg zur Erhaltung Ihrer Gesundheit und Vitalität kennengelernt. Mit den Heilprinzipien von Schonung, Säuberung, Schulung und Substitution leisten Sie dazu einen dauerhaften Beitrag. Denn eine gesunde Verdauung und eine vollwertige Ernährung sind die Grundlage für einen gesunden Organismus.

Wo steht die Mayr-Medizin?

Alle organischen Abläufe hängen eng zusammen. Da eine gesunde Darmfunktion nicht nur für die richtige Ernährung, sondern auch für die Entgiftung sorgt, ist sie die wichtigste Voraussetzung dafür, daß sich die Selbstheilungskräfte des Körpers entfalten können.
Ihr Mayr-Arzt kann Ihnen daher ein maßgeschneidertes Kurprogramm zur Heilung verschiedenster Krankheitsbilder verordnen, die unmittelbar oder indirekt mit dem Darm zu tun haben. Eine Kur nach Dr. F. X. Mayr kann bei erhöhten Cholesterinwerten ebenso helfen wie bei degenerativen Gelenkserkrankungen, Migräne, Krankheiten aus dem rheumatischen Formenkreis oder bei chronischer Bronchitis.

Mayr-Ärzte haben eine schulmedizinische Ausbildung

Der Schulmedizin eng verbunden

Die Mayr-Medizin läßt sich am besten als Naturheilverfahren, ähnlich der Praxis von Pfarrer Sebastian Kneipp, einstufen. Das Lehrgebäude verläßt nie das Terrain der klassischen Schulmedizin. Ich selbst zähle mich als Mayr-Arzt zu den Schulmedizinern. Wenn wir von der neuen F.-X.-Mayr-Kur

sprechen, gehören moderne, schulmedizinische Diagnoseverfahren, wie Ultraschalluntersuchungen, EKG, Labordiagnostik und Röntgenverfahren, selbstverständlich dazu.
Genauso greift ein Mayr-Mediziner auf konservative und chirurgische Methoden der Schulmedizin zurück. Wird in der ersten Untersuchung ein organischer Defekt, wie ein Dickdarmtumor, festgestellt, überweist Sie Ihr Mayr-Arzt sofort in die nächste geeignete Klinik zur Behandlung. Alles andere wäre unverantwortlich und muß in den Bereich unseriöser und bedenklicher Methoden eingeordnet werden.

Klassische Schulmedizin und Mayr-Medizin arbeiten Hand in Hand

Seit 1998 erkennt die österreichische Ärztekammer die Ausbildungsdiplome der Internationalen Gesellschaft der Mayr-Ärzte an. In Deutschland und anderen Ländern wird dieser Schritt sicher bald folgen.

Was bedeutet Alternativmedizin?

Zur Alternativmedizin gehören alle Lehrgebäude, die dem grundlegenden Denken der Schulmedizin, wie dem Kausalprinzip (dem Prinzip von Ursache und Wirkung), widersprechen. Prominente und seriöse Vertreter der Alternativmedizin sind die Homöopathie und die Traditionelle Chinesische Medizin.

Trotz anderer Ansätze im Verständnis von Gesundheit und Krankheit beweisen gerade diese beiden Richtungen, daß sich Alternativ- und Schulmedizin optimal ergänzen und gut vertragen können. Anders wäre die große Zahl von Ärzten, die nach beiden Lehren erfolgreich praktizieren, nicht denkbar.

Die Alternativmedizin hat ein anderes Verständnis von Krankheit

Was bedeutet Komplementärmedizin?

Zwischen Schul- und Alternativmedizin liegt der Bereich der Komplementärmedizin. Dazu gehören Diagnose- und Therapiemethoden, die der Schulmedizin nicht widersprechen, deren wissenschaftlicher Nachweis aber nicht immer erbracht werden konnte. Typische Beispiele komplementärmedizinischer Verfahren sind Kinesiologie, Bioresonanzdiagnostik, Akupunktur, Laserakupunktur, Neuraltherapie, Reflexzonenbehandlungen oder die Thermoregulationsdiagnostik. Komplementärmedizinische Methoden werden in Kurkliniken häufig zusammen mit der Mayr-Medizin angeboten.

Was paßt zur Mayr-Medizin?

Naturheilverfahren ergänzen die Heilprinzipien von Dr. F. X. Mayr

Wenn Sie eine Kur nach Dr. F. X. Mayr mit anderen Therapien ergänzen und damit den Kurerfolg steigern wollen, bietet sich eine Vielzahl von Methoden aus dem naturheil-, komplementär- und schulmedizinischen Bereich an. Die meisten medizinischen Verfahren bedürfen der ärztlichen Begleitung oder spezieller kurtechnischer Einrichtungen. Andere können Sie, vorausgesetzt Sie sind ein gesunder, vitaler Mensch (→ Seite 60), auch zu Hause durchführen.

Sanfte Heilmethoden

Zur Mayr-Medizin passen grundsätzlich sanfte Therapieformen, die den Organismus stärken und seine natürlichen Heil- und Abwehrkräfte mobilisieren. Dazu zählen: Hydrotherapie (Wasseranwendungen), Bewegungstherapie, Chirotherapie (sanftes Deblockieren von Gelenken), Massagen, Reflexzonenbehandlungen (Nase, Fuß), Akupunktur, Eigenblutbehandlungen, Orthomolekulare Medizin, Neuraltherapie, Homöopathie, Autogenes Training, Yoga und Aromatherapie, um nur einige zu nennen.

Verschiedenste Massagetechniken unterstützen den Abbau von Schlacken und deren Ausleitung aus dem Gewebe

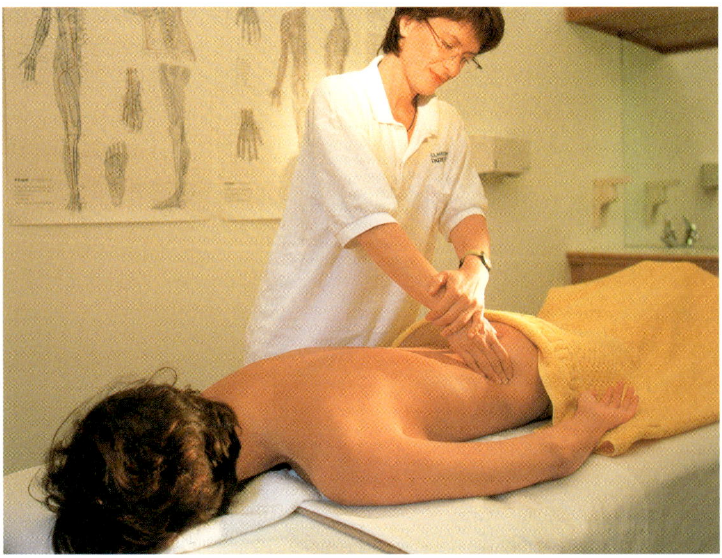

Da unmöglich alle diese therapeutischen Methoden hier beschrieben werden können, haben wir für Sie einige ausgewählt,

- die besonders häufig in Kurzentren gemeinsam mit der Mayr-Medizin angeboten werden
- die Sie zusammen mit der neuen F.-X.-Mayr-Kur zu Hause anwenden können.

Therapien in Kurkliniken

In Kurkliniken erwartet Sie ein vielfältiges Angebot

Das Angebot in Kurkliniken, Heilbädern oder Gesundheitszentren hängt von der grundsätzlichen Ausrichtung der Institution sowie von der Ausbildung der behandelnden Ärzte ab. Wenn die Kurklinik eine Mayr-Kur anbietet, setzt das immer die Anwesenheit eines ausgebildeten Mayr-Arztes voraus. Er wird Sie zuerst untersuchen und Ihnen dann Vorschläge für die begleitende Behandlung unterbreiten.

Colon-Hydro-Therapie

Die Colon-Hydro-Therapie oder Colon-Lavage ist eine moderne Form des Einlaufs (→ Seite 87). Lauwarmes Wasser, eventuell mit Kamille oder aktiviertem Sauerstoff versetzt, wird durch die Afteröffnung in Mast- und Dickdarm eingeleitet. Das Wasser fließt in diesem Fall in einem geschlossenen System in den Darm hinein und auch wieder heraus. Auf diese Weise ist die Darmreinigung hygienisch und geruchsfrei.
Eine Darmreinigung mit Colon-Hydro-Therapie dauert rund eine Stunde und kann eine Mayr-Kur natürlich nicht ersetzen. Sie stellt aber eine vernünftige Ergänzung dar und ist unter anderem sinnvoll bei ungenügender Wirkung des Bitterwassers, bei Divertikeln (Darmausstülpungen) oder bei massiver Verschmutzung des Darms.

Orthomolekulare Medizin

Die Selbstheilungskräfte des Körpers werden aktiviert

Die Orthomolekulare Medizin geht auf den zweifachen Nobelpreisträger Dr. Linus Pauling zurück. »Orthos« bedeutet im Griechischen »gut, richtig«; »molekular« bedeutet »die Moleküle betreffend« (die kleinsten Einheiten einer Substanz).

Die Orthomolekulare Medizin fördert die Selbstheilungskräfte des Körpers durch Ergänzung der richtigen Nährstoffe. Eine Therapie nach den Richtlinien der Orthomolekularen Medizin ist zusammen mit der Mayr-Kur sinnvoll, da der sanierte Verdauungsapparat die wertvollen Nährstoffe besonders gut aufnehmen kann.

Optimale Nährstoffverwertung

Bestmögliche Auswahl der Substitute für Ihre Mayr-Kur

Die Orthomolekulare Medizin umfaßt ein großes Wissensgebiet über Herkunft, Anwendung und Dosierung von Mineralstoffen, Vitaminen und Spurenelementen. Zum Beispiel kann der Körper aus der Sagopalme gewonnenes Vitamin C rund zehnmal effizienter umsetzen als die gleiche Menge von industriell hergestellter Ascorbinsäure (Vitamin C).
Ein Mayr-Arzt, der sich auf Orthomolekulare Medizin versteht, setzt dieses Wissen bei der Wahl der optimalen Substitute für seine Patienten ein (→ Seite 38). Nach der Kur hilft die Orthomolekulare Medizin, Nährstoffdefizite im Alltag zu vermeiden.

Neuraltherapie

Schmerzende Bereiche sind in ihrem Biozustand verändert

Bei akuten Beschwerden im Stütz- und Bewegungsapparat (Wirbelsäule und Gelenke), bei chronischen Entzündungsherden oder anderen chronischen Schmerzen, die eine Mayr-Kur nicht unmittelbar heilen kann, bietet sich die Neuraltherapie an. Die Neuraltherapie geht davon aus, daß sich ein kranker Gewebebereich in einem veränderten Biozustand befindet. Dieser Zustand beeinträchtigt die Funktionen des Körpers wie eine Art Störsender.

Störfelder ausschalten

Zur Therapie injiziert der Arzt in bestimmte Punkte, die mit der schmerzenden Zone in Zusammenhang stehen (Reflexzonen oder Akupunkturpunkte), kleine Mengen eines örtlich betäubenden Medikamentes, wie Lidocain oder Procain. Die Injektion bewirkt bei Erfolg die Wiederherstellung des natürlichen bioelektrischen Feldes, der Störsender verstummt, und der Körper kann sich von da an selbst heilen.

Die Neuraltherapie kann sensationell wirken, wenn sie quälende Schmerzen in wenigen Sekunden abstellt. Besonders sinnvoll ist sie, wenn gleichzeitig die Selbstheilung des Organismus unterstützt wird, wie es bei einer Mayr-Kur geschieht.

Medizinischer Aderlaß

Der seit dem Mittelalter bekannte Aderlaß wird heute oft mit blutverdünnenden Infusionen kombiniert. Die Blutentnahme fördert die Entleerung und Entgiftung von Gewebespeichern, verbessert die Blutzirkulation und fördert die Regeneration der Körpersäfte. Der medizinische Aderlaß kann in kurzer Zeit einen starken Effekt erzielen: Bluthochdruck geht zurück, das Risiko der Blutverklumpung und damit eines Infarktes sinkt, die Fließeigenschaften des Blutes verbessern sich nachhaltig.

Ein schon seit dem Mittelalter bekanntes Behandlungsverfahren

Eigenblutbehandlung

Bei der Eigenblutbehandlung wird eine kleine Menge Blut entnommen und kurz darauf wieder in die Muskulatur gespritzt. Manchmal erfolgt gleichzeitig eine Anreicherung des eigenen Blutes mit aktiviertem Sauerstoff. Die Durchblutung und die Regeneration erkrankter Organe wird dadurch gefördert und das Immunsystem stimuliert.

Homöopathie

In ihrem Kern scheinen Diagnostik und Therapie nach Dr. F. X. Mayr und die Homöopathie keine Gemeinsamkeiten zu haben. Beide zählen zwar zu den Naturheilverfahren, die Homöopathie gehört jedoch eindeutig in den alternativmedizinischen Bereich. Die Mayr-Medizin hingegen steht fest auf dem Boden der Schulmedizin.

Nicht beweisbar und trotzdem eine erfolgreiche Heilmethode

Trotzdem möchte ich auf die Homöopathie eingehen, da viele Mayr-Ärzte eine entsprechende Zusatzausbildung haben und sie ihren Patienten als Ergänzung zur Schulmedizin anbieten. Außerdem interessieren sich häufig Kurgäste für die Homöopathie, da ihr Interesse und ihre Bereitschaft für Heilverfahren abseits der klassischen Schulmedizin naturgemäß hoch sind.

Ähnliches mit Ähnlichem heilen

Die Homöopathie geht auf den 1755 geborenen Naturwissenschaftler Samuel Hahnemann zurück. Hahnemann entdeckte, daß Heilpflanzen bei gesunden Menschen Symptome hervorrufen, die jenen der Krankheit, gegen die die Heilpflanze eingesetzt wird, ähnlich sind. In zahlreichen, wissenschaftlichen Versuchen untermauerte Hahnemann seine These »Ähnliches wird mit Ähnlichem geheilt«. Hahnemann entwickelte eine auf den einzelnen individuell abgestimmte Arzneimitteltherapie, bei der der erfahrene Arzt bestimmt, welche Substanz welchem Krankheitsbild entspricht. Diese Substanz wird dann in hochverdünnter (potenzierter) Form verabreicht.

Homöopathische Mittel werden ganz individuell ausgewählt

Die Homöopathie konnte sich trotz langer Anfeindung seitens der Schulmedizin behaupten. In jüngster Zeit steuert die Quantenphysik naturwissenschaftliche Erklärungsversuche für die Wirksamkeit der Homöopathie bei. Während der Mayr-Kur spricht nichts gegen die Einnahme von homöopathischen Mitteln. Es wurde allerdings beobachtet, daß der fastende Organismus auf die feinstofflichen Signale der Arzneien schwächer reagiert als sonst – vermutlich, weil er durch die zirkulierenden Schlacken mit Reizen überflutet ist.

Therapien auch für zu Hause

Die folgenden Therapien werden alle auch in Kurkliniken und Gesundheitszentren angeboten. Sie lassen sich aber im großen und ganzen ebenso zu Hause durchführen. Bedenken Sie aber bitte, daß es sich um medizinische Anwendungen handelt! Wenn Sie eine der Therapien ausprobieren möchten, halten Sie sich genau an die entsprechende Anleitung. Falsch durchgeführte Bäder oder Güsse bringen mehr Schaden als Nutzen.

Die Kneippschen Anwendungen und die Mayr-Kur ergänzen sich gut

Die Kneipp-Therapie

Pfarrer Sebastian Kneipp (1821–1879) entwickelte ein komplettes Wasserheilsystem mit Trinkkuren, Waschungen, Bädern, Güssen und Dämpfen. Die Wasseranwendungen (Hydrotherapie) wurden ergänzt durch Grundsätze in der Lebensführung, die gut zu den Prinzipien der Mayr-Medizin passen.

Trinkkuren mit Heilwasser

Heilwasser erhalten Sie in der Apotheke oder über Direktversand von den jeweiligen Kurorten. Geöffnete Flaschen müssen Sie innerhalb von zwei Tagen aufbrauchen, da sich sonst unerwünschte Bakterien ansiedeln könnten.

Trinkkuren

Eine Trinkkur mit Heilwässern können Sie parallel zur neuen F.-X.-Mayr-Kur durchführen. Sprechen Sie aber unbedingt mit einem Arzt über die Wahl des Heilwassers! Denn je nach Zusammensetzung der Mineralien und Spurenelemente sind die Heilwässer für verschiedene Beschwerden geeignet. Für eine optimale Wirkung müssen sie auch richtig dosiert werden.

Kneippen zu Hause

Für äußere Wasseranwendungen nach Kneipp müssen Sie gesund sein (vitaler Typus) und dürfen vor allem keine Herz- oder Kreislaufbeschwerden haben.

- Sämtliche Anwendungen sollten Sie nur durchführen, wenn Ihr Körper warm ist. Pfarrer Kneipp formulierte: »Kein kaltes Wasser auf kalte Haut!«
- Besorgen Sie sich ein gutes Badethermometer. Die Wassertemperatur ist bei allen Kneipp-Anwendungen entscheidend.
- Im Badezimmer sollte eine angenehme Raumtemperatur (20 °Celsius) herrschen, damit Sie bei den Anwendungen nicht auskühlen.

Beginnen Sie den Armguß an der Außenseite. Führen Sie den Schlauch von der Hand zur Schulter und dann weiter an der Innenseite des Arms wieder nach unten

Kneipp-Güsse

Gut zu Hause durchführbar sind Kneipp-Güsse auf Gesicht, Arm und Schenkel. Verwenden Sie dazu nur den Duschschlauch ohne Brausekopf. Die Wassertemperatur für den kalten Guß sollte rund 12 °Celsius, für den warmen 36 °Celsius betragen. Stellen Sie den Druck so ein, daß das Wasser aus dem nach oben gerichteten Schlauch noch zirka fünf Zentimeter emporsteigt.

▶ ***So machen Sie einen Gesichtsguß:***
Für einen kalten Gesichtsguß kreisen Sie zunächst mit dem Schlauch mehrmals rund um Ihr Gesicht, beginnend unterhalb der rechten Schläfe. Anschließend begießen Sie mit waagerechten Bewegungen nacheinander Stirn, Augenpartie, Nase, Wangen und Kinn. Diesen Ablauf zwei- bis dreimal wiederholen. Der Gesichtsguß macht munter, hilft bei Kopfschmerzen und müden Augen.

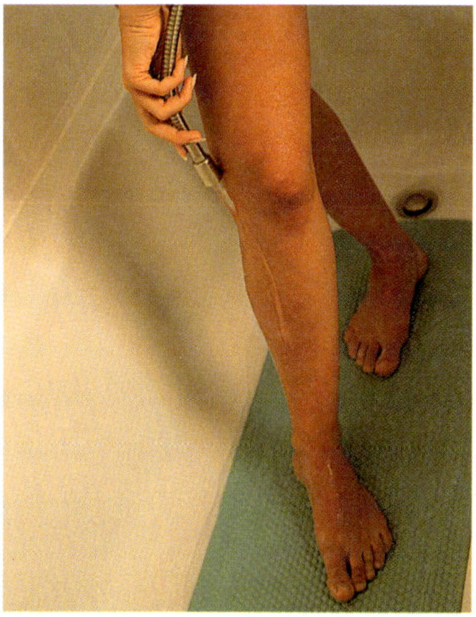

Kalte Schenkelgüsse sind gut für die Durchblutung der Beine. Beginnen Sie wieder auf der Außenseite und wandern Sie auf der Innenseite nach unten zurück

▶ ***So machen Sie einen Armguß:***
Der Armguß beginnt mit warmem Wasser. Führen Sie den Schlauch vom Handrücken über die Außenseite des Arms bis zu den Schultern hinauf. Dann langsam auf der sensibleren Innenseite von oben nach unten bis zur Hand zurückführen. Wiederholen Sie den Guß am anderen Arm. Begießen Sie zuerst den herzfernen, rechten Arm, dann erst den linken. Anschließend behandeln Sie beide Arme in der gleichen Weise mit kaltem Wasser, zum Abschluß nochmals mit warmem Wasser. Ein Armguß empfiehlt sich bei Abgeschlagenheit, Nervosität, Kopfschmerzen und Kreislaufbeschwerden.

▶ ***So machen Sie einen Schenkelguß:***
Der kalte Schenkelguß leitet das Blut aus dem Kopf- in den Beinbereich. Der Blutdruck sinkt, die Gefäße in den Beinen werden stärker durchblutet. Beginnen Sie mit dem rechten Fuß. Vom Außenknöchel führen Sie den kalten Wasserstrahl langsam an der Außenseite des Beines bis zur Hüfte und an der Innenseite zurück. Wiederholen Sie den Guß am linken Fuß. Zum Schluß lassen Sie das Wasser über die rechte und linke Fußsohle laufen.
Nach allen Kneipp-Güssen sollten Sie
- das Wasser nur mit der Hand abstreifen
- sich wieder anziehen und
- sich für eine halbe Stunde zur Entspannung hinlegen.
- Während Fastenkuren, wie der neuen F.-X.-Mayr-Kur, empfehlen wir Ihnen nur kleine und eher wechselwarme Kneipp-Aufgüsse anzuwenden, um eventuelle Überlastungen des Kreislaufs zu vermeiden.

Teilbäder nach Pfarrer Kneipp

Arm- und Fußbäder stärken Herz und Kreislauf. Die Wassertemperaturen entsprechen jenen der Güsse, das heißt 12 °Celsius für kalte, 36 °Celsius für warme Teilbäder. Sanitätsfachgeschäfte führen eigene Kneipp-Arm- und Fußbadewannen, aber das Waschbecken und zwei Eimer tun's auch.

Kneipp-Bäder sind eine Wohltat für Nerven und Haut

▶ ***So machen Sie ein Armbad:***

Ein Armbad können Sie im Waschbecken durchführen. Da es der Anregung des Kreislaufs dienen soll, wird meist ein kaltes Armbad gemacht. Füllen Sie das Waschbecken mit 12 °Celsius kaltem Wasser. Ihr Unterarm und die Hälfte des Oberarms sollten bequem darin Platz haben. Baden Sie nun hintereinander Ihre beiden Arme je 30 Sekunden in dem kalten Wasser. Lassen Sie den Unterarm dabei richtig entspannt aufliegen. Anschließend streifen Sie das Wasser wieder nur mit der Hand ab. Dann schwingen Sie Ihre Arme in der Luft etwa 20mal langsam vor und zurück. Das Trocknen an der Luft regt den Kreislauf zusätzlich an und erwärmt die Gliedmaßen.

▶ ***So machen Sie ein Fußbad:***

Sie benötigen dafür zwei hohe Eimer. Fußbäder können kalt, warm oder wechselwarm durchgeführt werden. Das kalte Fußbad beruhigt vor dem Einschlafen und entspannt bei Krampfaderleiden und Venenschmerzen. Warme Fußbäder fördern die Durchblutung, helfen bei Regelbeschwerden, Infekten im Harnwegsbereich und wirken chronischen wie akuten Erkältungskrankheiten entgegen.

Bei allen Fußbädern sollte das Wasser bis wenige Zentimeter unter die Knie reichen. Beim kalten Fußbad lassen Sie Ihre Beine nur für 30 bis 60 Sekunden im Wasser, beim warmen für rund zwei bis drei Minuten. Für wechselwarme Fußbäder die Beine zuerst zwei Minuten ins warme, anschließend 10 Sekun-

Wechselwarme Bäder immer mit warmem Wasser abschließen

Vorsicht bei Krampfadern

Wer unter Venenentzündungen und Krampfadern leidet, darf die Fußbäder nur nach Rücksprache mit seinem Arzt durchführen. Im Regelfall sind dann nur kalte Güsse und Bäder erlaubt. Warmes Wasser darf höchstens bis zum Knöchel reichen!

den ins kalte Wasser tauchen. Dieser Wechsel kann drei- bis fünfmal wiederholt werden.

Nach dem Fußbad warme Strümpfe anziehen und sich ausruhen

Nach dem Fußbad streifen Sie das Wasser mit der Hand ab und ziehen sich warme Strümpfe aus Baum- oder Schafwolle an. Entspannen Sie sich für eine halbe Stunde im Bett oder in einem bequemen Liegestuhl und genießen Sie das wärmende Kribbeln, das von den Beinen aus Ihren ganzen Körper erfaßt.

Trockenbürsten und Wechselduschen

Mit Trockenbürsten und Wechselduschen erzielen Sie während der neuen F.-X.-Mayr-Kur morgens und abends eine wirkungsvolle Unterstützung der Entgiftung. Rundum vitale Menschen können Trockenbürsten und Wechselduschen auch gut zur Vorbeugung von Erkältungskrankheiten durchführen. Sie eignen sich aber nicht für kreislauflabile Personen.

Trockenbürsten aktiviert alle Hautfunktionen und unterstützt die Entschlackung

▶ ***So wird's gemacht:***

Reiben Sie zunächst mit einer Handbürste oder einem Reibehandschuh Ihren ganzen Körper kräftig ab. Das Bürsten regt die Blutzirkulation in den hautnahen Gefäßen an, aktiviert alle Hautfunktionen und leitet die Giftausscheidung ein. Benutzen Sie bei sehr trockener Haut ein wenig Massageöl.

Anschließend duschen Sie sich im Stehen heiß ab, so lange, bis Ihr gesamter Körper gut durchwärmt ist. Brausen Sie anschließend kurz mit kaltem Wasser zuerst Ihre Beine, dann die Arme, den Rumpf und schließlich das Gesicht ab.

Reiben Sie Ihren Körper mit einem Frottierhandtuch gründlich trocken, so daß sich die Haut leicht rötet und das Gefühl einer angenehmen Wärme entsteht. Sorgen Sie für innere Wärme mit einem heißen Kräutertee, legen Sie sich hin, und decken Sie sich gut zu.

Entgiftungsmassage zu zweit

Massagetechniken verschiedenster Art eignen sich hervorragend zur Unterstützung der Entschlackung. In Kurzentren mit Schwerpunkt Mayr-Medizin werden Entgiftungs-, Ganzkörperreflexzonen-, Bindegewebs-, Wirbelsäulenspezial-, Kopfspezial- und Akupunktmassagen angeboten, dazu Lymphdrai-

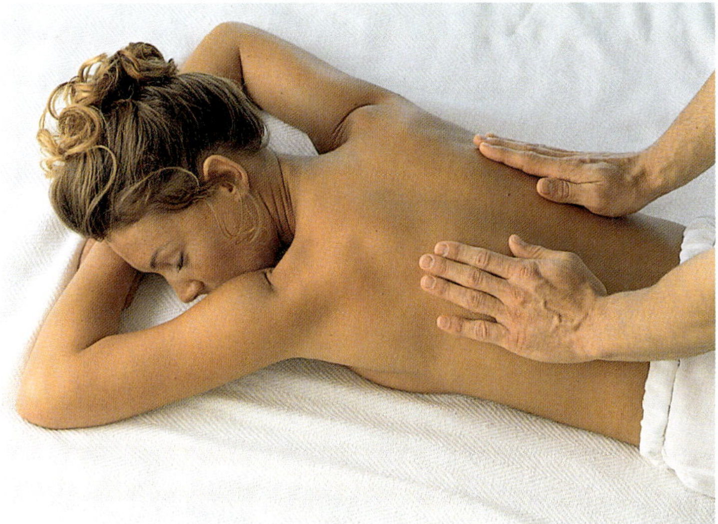

Eine Partnermassage, die die Entgiftung unterstützt: Reiben Sie mit den Händen auf dem Rücken kräftig auf und ab, bis Haut und Hände sich warm anfühlen

nagen, Fußreflexzonenbehandlungen sowie zahlreiche andere physikalische Therapien. Sie können sich aber auch, wie hier beschrieben, mit Ihrem Partner gegenseitig massieren.

▶ ***So wird's gemacht:***

Die Entgiftungsmassage ist eine sehr einfache und wirkungsvolle Partnermassage, die Sie ohne Vorkenntnisse anwenden können. Reiben Sie mit trockenen Händen den Rücken Ihres Partners vom Hals bis zum Po rund 5 Minuten lang ab. Die Auf-und-ab-Bewegung soll so schnell erfolgen, daß Rücken und Hände von der Reibung deutlich erwärmt werden. Anschließend kreisen Sie rund drei Minuten mit den Händen unter leichtem Druck über den gesamten Rücken des Partners. Dabei rötet sich die Haut noch stärker.

Nach dem Rücken kommen Arme und Beine dran

Nun massieren Sie für fünf Minuten Arme und Beine durch Hin-und-her-Reiben. Zum Schluß streichen Sie kräftig die Arme vom Rumpf in Richtung Finger ab. Machen Sie diese Bewegung auch mehrmals vom Kopf bis zu den Zehen.

Beiden Beteiligten soll durch die Massage richtig warm werden. Wechseln Sie nun die Rollen. Ein eigentümlicher Geruch verrät die ausgeschiedenen Gift- und Schlackenstoffe. Anschließend können Sie gemeinsam ein Vollbad oder eine Wechseldusche genießen und die Haut damit gründlich reinigen.

Zum Nachschlagen

Adressen, die weiterhelfen

Hier erhalten Sie allgemeine Auskünfte und können Adressen von Mayr-Ärzten und Mayr-Kliniken in Ihrer Nähe anfordern:

Internationale Gesellschaft der Mayr-Ärzte
Parkhotel Igls
Iglerstraße 51-53
A-6080 Innsbruck/Igls
Tel. 0043/664/9228294

Mayr-Zentren in Deutschland:

Klinik Dr. Brand
Ölmühlweg 31
D-61462 Königstein

Kurzentrum Burghalde
Sonnenweg 11
D-72275 Alpirsbach

Gräfliches Gesundheits- und Fitness-Bad
Im Kurpark
D-33014 Bad Driburg

Mayr-Zentren in Österreich:

F.-X.-Mayr-Zentrum,
Parkhotel Igls
(Reines Mayr-Kur-Haus)
A-6080 Igls bei Innsbruck

Gesundheitszentrum am Wörthersee
(Reines Mayr-Kur-Haus)
A-9082 Maria Wörth

Gesundheitszentrum
Lanserhof
A-6072 Lans in Tirol

Ambulatorium für Ganzheitsmedizin,
Hotel Vollererhof
A-5412 Puch bei Salzburg

Weitere Adressen:

Projekt Patienten-information für Naturheilkunde,
Geuterstraße 63
D-13353 Berlin

Österreichische Gesellschaft für Ganzheitliche Medizin
Gablenzgasse 7
A-1150 Wien

Verein Tirol Vital
Franz-Kneisselstraße 11a
A-6330 Kufstein

Bezugsadressen:

Bachmann und Müller GbR
D-87541 Hindelang
(Teemischungen, Kneipp- und andere Gesundheits-artikel)

Arbeitsgemeinschaft für Diagnostik und Alternative Heilverfahren
Sandstraße 41
D-80335 München

Bücher

Buchinger, Ott: Das Heilfasten. Hippokrates Verlag, Stuttgart

Elmadfa/Aign/Muskat/Fritzsche: Die große GU Nährwert-Kalorien-Tabelle. Gräfe und Unzer Verlag, München

Kempe, Christina: Mega-fit mit der Fastenwoche. Gräfe und Unzer Verlag, München

Kraske, Eva-Maria: Säure-Basen-Balance. Gräfe und Unzer Verlag, München

Lützner, Hellmut: Wie neugeboren durch Fasten. Gräfe und Unzer Verlag, München

Lützner, Hellmut: Richtig essen nach dem Fasten. Gräfe und Unzer Verlag, München

Mayr, Peter: Die leicht bekömmliche, biologische Küche. Haug Verlag, Heidelberg

Pfeiffer, Amrei: Magen und Darm natürlich behandeln. Gräfe und Unzer Verlag, München

Rauch, Erich: Blut- und Säftereinigung. Haug Verlag, Heidelberg

Rauch, Erich: Die Darm-Reinigung nach Dr. med. F. X. Mayr. Haug Verlag, Heidelberg

Rauch, Erich, und Mayr, Peter: Milde Ableitungs-Diät. Haug Verlag, Heidelberg

Schleip, Thilo, und Hoffbauer, Dr. med. Gabi: Reizdarm. Was wirklich dahinter steckt. Gräfe und Unzer Verlag München

Worlitscheck, Michael: Der Säure-Basen-Haushalt. Haug Verlag, Heidelberg

Rezepte

In der 3. Kurwoche

Zur Kurausleitung

Nach der Kur

Sachregister

Impressum

Wichtiger Hinweis

Wenn Sie mit Hilfe dieses Buches selbständig eine F.-X.-Mayr-Kur durchführen möchten, müssen Sie sich genau an die gegebenen Anleitungen und Rezepte halten und die aufgezeigten Grenzen der Selbstbehandlung beachten. Jede Leserin und jeder Leser entscheiden in eigener Verantwortung, ob und wie weit sie die neue F.-X.-Mayr-Kur ohne Begleitung eines Arztes durchführen wollen.
Wenn Sie sich bei der Behandlung während oder nach der Kur nicht sicher sind, wenn unvorhergesehene oder unklare Begleitumstände auftreten oder wenn Beschwerden beziehungsweise Symptome von den im Buch beschriebenen abweichen, suchen Sie bitte unbedingt ärztlichen Rat!

Wir danken
Herrn Dr. med. Ernst Kojer und dem F.-X.Mayr-Kurzentrum in Innsbruck-Igls für die freundliche Überlassung von Bildmaterial.

Umwelthinweis
Dieses Buch wurde auf chlorfrei gebleichtem Papier gedruckt. Um Rohstoffe zu sparen, haben wir auf Folienverpackung verzichtet.

Fotos
Studio Schmitz

Zeichnungen
Detlef Seidensticker

Weitere Fotos
Bavaria: S. 93; S. 3 (Higuchi); S. 12 (M. u. H.); S. 16 (TCL); S. 63 (VCP); Umschlagrückseite u. (VCL)
Barbara Bonisolli: S. 154
CMA: S. 143
Christian Dahl: S. 155
Ingo Hatz: S. 45
IFA: S. 72 (IIP)
Manfred Jahreiss: S. 9
Jahreszeiten Verlag: Cover
Gudrun Kaiser: S. 32
Ulla Kimmig: S. 71, 152
Kölln Flocken: S. 111
Dr. med. Ernst Kojer: S. 20
Mauritius: S. 28 (ACE); S. 6, 60, 142 (AGE); S. 17 (Bluestone); S. 122 (Blume); S. 69 (Frauke); S. 82 (JIRI); S. 4, 37, 125 (Power Stock); S. 139 (Rosenfeld)
Mayr-Kurzentrum Igls: S. 43, 146
Nivea: S. 91
Thomas von Salomon: S. 151
Studio Schmitz: S. 5, 6, 18, 19, 27, 31, 34, 57, 65, 81, 87, 90, 123, Umschlagrückseite o.
Christophe Schneider: S. 11, Umschlagrückseite m.
Teubner: S. 106
Tony Stone: S. 56; S. 59 (Correz); S. 94 (Bosler); S. 8, 85 (Darell); S. 40 (Orel)
Georg M. Wunsch: S. 88
ZEFA: S. 97 (Hackenberg); S. 2 (Oskar), S. 78 (Pannell)

Redaktion
Ebba Wittenberg
Lektorat/DTP
Adriane Andreas
Bildredaktion
Christine Majcen-Kohl
Produktion
Gabriele Ismaier
Layout
Carsten Tschirner
Umschlaggestaltung
Independent Medien-Design, München
Herstellung und Satz
Renate Hausdorf
Lithos
Fotolito Longo, Bozen
Druck und Bindung
Kaufmann, Lahr

ISBN 3-7742-3037-4

Auflage 7.
Jahr 04

GRÄFE UND UNZER

Ein Unternehmen der
GANSKE VERLAGSGRUPPE